朝日新書
Asahi Shinsho 836

米中戦争

「台湾危機」驚愕のシナリオ

宮家邦彦

朝日新聞出版

はじめに

米中開戦論の違和感

最近日本では台湾をめぐる米中衝突の議論が姦《かしま》しい。その多くは、米インド太平洋軍のデービッドソン司令官（当時）が「中国は6年以内に台湾に侵攻する可能性がある」旨を述べたという誤った報道に基づく、俄《にわ》か仕立ての分析のようだ。日本の識者たちは、2021年3月9日米上院軍事委員会公聴会での同司令官の発言を実際に原文で聞いたり読んだりした上で、分析しているのだろうか。筆者には甚だ疑問である。

本書は「米中戦争」を本気で心配している読者のために書いている。久し振りにマトリックス手法を使い、筆者には珍しく、かなり緻密な議論を行った。想定の中には蓋然性の低いものも含まれるが、それは30年前、筆者が米某諜報機関での研修で学んだ「全ての可能性を分析する」手法だからだ。筆者の如《ごと》く「知的体力」に自信のない向きは、この「はじめに」だけお読み頂きたい。さて、話を米国議会に戻そう。

公聴会での質問に対し、デービッドソン司令官はこう切り出した。「私の心配は、中国がルールに基づく国際秩序のリーダーである米国に取って代わるという野心を加速させることだ。長年中国は２０５０年までにその実現を望んでいたが、（今）私はその目標を前倒ししているのではないかと心配している。」この部分の英語原文は次のとおりだ。日本語で報じられた内容との違いを意識しながら、一読してほしい。

"I worry that they're accelerating their ambitions to supplant the United States and our leadership role in the rules-based international order, which they've long said that they want to do that by 2050. I'm worried about them moving that target closer."

その上で同司令官は、「台湾は明らかにそうした野心の（対象の）一つであり、この（２０２０）年代、いや実際には今後6年間で、その脅威は顕在化すると考える。"Taiwan is clearly one of their ambitions before then. And I think the threat is manifest during this decade, in fact in the next six years."[*1]」と述べている。"threat is manifest" であるが、それは "within six years" でも "in six years" でもなく、"*in the next* six years" だ。これを「6年以内に侵攻する」と訳すのは、限りなく誤訳に近いだろう。

それだけではない。そもそも、デービッドソン司令官は「中国が台湾に侵攻する可能性」に直接言及していない。同司令官は単に、中国の「野心」の対象の一つが台湾であり、台湾に対する「脅威」が今後6年間に「顕在化」すると言っているだけで、その「脅威」の中身がどうなるかは語っていない。これだけで「台湾への武力侵攻」などと訳せるのか。本当の安全保障専門家であれば躊躇《ちゅうちょ》するだろう。

中国はなぜ台湾に侵攻するのか

そこまではある程度仕方がない。より重要なことは中国が台湾に侵攻する「理由」についての考察だ。「数年前から、中国の人民解放軍に関係した部署で、台湾への限定武力攻撃オプションに関する議論が活発に行われている形跡がある」とか、「習《しゅう》主席が三選を果たすまでは、米国と衝突するような危険な行動はとらないだろうが、三選を果たした後は危ない」といった優れた識者による分析[*2]もない訳ではない。

彼らによれば、「限定的な武力行使が可能だ、という希望的観測を中国が持てば」、もしくは「中国軍が、クリミア半島でのロシア軍のやり方をみて、ハイブリッド戦争と核抑止力を使えば、米軍介入を阻止できると報告し、それを指導者が信じたら」、台湾侵攻はあり得るのだという。果たしてそんな単純な話なのか。残念ながら、中国が台湾に軍事行動を起こす「動機」を総合的に分析した評論はあまり見当たらない。

なぜこのような混乱が生じるか。この疑問こそ筆者が本書を執筆した最大の理由である。台湾は近代日本の安全保障にとって極めて重要な地域だ。しかし、その台湾との関係は1972年のいわゆる「日中国交正常化」により、主権国家同士の関係ではなくなった。日中関係が進展するにつれ、日台関係はますます経済や領事分野に限られ、安全保障の観点から台湾を語ることはいつしか「タブー」となっていった。

ところが21世紀に入り、日台関係をめぐる国際環境は激変する。確かに、米中・日中の国交正常化や「三通政策」[*3]の進展により、台湾問題はいずれ平和的に解決するといった期待が一時は膨らんだ。しかし、最近の中国の外交・軍事的動きには、米国に代わって国際秩序を構築すべく、台湾を含め、力による現状変更も厭《いと》わない強い野心が見え隠れする。昨今、台湾をめぐる米中衝突論が取り沙汰される真の理由はここにある。

「台湾有事ありき」ではない分析

本書の目的は、巷《ちまた》の安易な「米中開戦論」を排し、米中衝突の可能性を、軍事的合理性からだけでなく、東アジアの国際情勢や中国国内の政治的要因なども勘案し、より総合的な見地から分析することだ。中国の台湾解放については、中華人民共和国建国100周年の「2049年が近いから」、「解放軍建軍100周年だから」「中華民族の復興」などと言われるが、こうした理由だけで中国は台湾に侵攻するだろうか。

台湾侵攻は大きな軍事的賭けだ。100周年程度のことで今の中国指導部が安易に侵攻するとは考えにくい。いくら権力を集中しつつある習近平《きんぺい》体制とはいえ、一つ間違えば、台湾侵攻の失敗は中国共産党一党支配の「統治の正統性」を揺るがすリスクともなるからだ。まして、仮に中国が孤立したとしても、習近平政権が1941年の日本のような「真珠湾攻撃」を行うとは思えない。勿論《もちろん》、人間には常に誤算が付きものだが……。

伝統的に軍人の地位が低かった中国は「戦わずして勝つ」孫子の兵法を生んだ。そんな国の文民指導者が、台湾に対する「武力解放は十分可能」などという軍人の判断を簡単に信じるだろうか。もし、習近平体制がリスクの高い台湾侵攻を決断するとすれば、それは軍事的判断だけでなく、国内政治上の要請であるかもしれない。こうした視点から、本書では巷間の「米中戦争」本とは真逆の議論を進めていく。

米中政治関係に関するマトリックス分析

本書では「まず米中戦争ありき」、もしくは「戦争あり得べし」という前提の議論はしない。第一章では、米中を取り巻く国際情勢の現状を可能な限り客観的に分析した上で、米中関係が向かうであろう様々な方向性を、マトリックス手法を用いて洗い出し、それぞれについて詳細な分析を試みる。その過程で、米中戦争が起きる可能性があるとなれば、それぞれの状況について、後の章でより詳しい分析を行う。

第一章の具体的手法はこうだ。まず、米中政治関係をある程度単純化し、米中それぞれが、①相手と協調する、②相手と緊張関係に入る、③相手と敵対・競争関係を覚悟する、という3つの「意図」を持つ可能性を考え、それらをマトリックス手法により、合計9つの類型・シナリオに分類する。その上で、1972年以降の米中関係がこれら9類型のうちどれに該当するかを分析し、今後の米中関係の行方を占う。

結論を先取りすれば、2021年のバイデン政権誕生以降、米中はそれぞれ、相手との敵対・競争関係を覚悟し始めたようだ。このモードに入った場合、両国の対立は後戻りが難しくなり、今後一層対立がエスカレートする可能性も懸念される。

中国の経済発展段階に関するマトリックス分析

続く第二章では米中関係の経済面に着目する。中国経済と政治体制の相関関係に着目し、中国の経済発展段階と米中関係に如何《いか》なる関連性があるか検証する。具体的には、中国が経済的に繁栄するか、行き詰まるか、政治的に民主化が進むか、独裁が進むかについて4つの類型・シナリオを考え、現在の中国がどれに該当するかを検証する。拙著『語られざる中国の結末』で採用した手法と基本的に同じものだ。

結論を先取りすれば、1990年代、我々は夢を見たということ。夢とは、「中国が経済的に繁栄すれば、中国に市民社会が生まれ、いずれ中国でも徐々に民主化が進む」という、今から思えば非現実的な期待である。こうして主要国は対中投資を拡大したが、実際に中国はその後20年間の経済的果実を、市民社会ではなく、主として治安と国防に投入し、結果的に共産党による独裁体制は一層強化されたのである。

後半では、バイデン政権の誕生により加速化しつつある「経済安全保障」面での米中の対立に焦点を当てる。半導体などハイテク技術・産業をめぐり、事実上の「デカップリング（切り離し）」を目指す米国と、それに対抗しようとする中国、更には米中の狭間で厳しい経営判断を迫られる日韓欧など各国経済界の現状に適宜触れつつ、その投資判断の基準などについて分析を行う。

全ては脅威認識から始まる

第三章からは米中間の軍事対立の将来について様々な視点から考える。既に述べたとおり本書の前提は、「まず台湾侵攻ありき」ではない。万一中国が米国との軍事衝突オプションを真剣に考えるとしたら、その「目的」は何か、その「動機」は何かなども詳しく論じる。そこで手始めに、デービッドソン司令官の発言にある「台湾に対する脅威」に着目し、同司令官の言う「脅威」について分析を試みる。

「脅威＝能力×意図」分析の限界

デービッドソン司令官は台湾に対する「脅威」が「今後6年間に顕在化する」と述べたが、そもそも「脅威」とは何なのか。一般に軍事専門家は、潜在的敵対国からの「脅威」はその国の「能力」と「意図」の乗数[*4]と分析する。「脅威＝意図×能力」という訳だが、これだけでは不十分だろう。中国のような複雑巨大な統治機構を持つ国の脅威の「蓋然性」を占うには、より詳しい分析が必要だからだ。

筆者の仮説は「脅威＝能力（手段×機会）×意図（目的×動機）」である。「能力」とは、兵器のような戦う「手段」の数や質と、かかる「手段」を最も効果的に行使できる「機会」との乗数である。また、「意図」についても、敵対国の「目的」と、それを達成しなければならない「動機」との乗数だと考える。なぜ筆者はそう考えるのか。やや形而上学的議論かもしれないが、暫《しばら》くの間お付き合い願いたい。

能力＝手段×機会

潜在的敵対国の「脅威」のうちの「能力」を測る要素の一つが「手段」だ。「手段」は、その敵対国の「国家戦略」を実行するための軍事・非軍事的なハードウェア、ソフトウェアの質と量に依存する。更に、そうした戦略がどの程度軍事的に有効か、火力やサイバー戦などで十分な攻撃力・防御力を有しているか、必要な軍事・非軍事組織の指揮命令系統を含めた組織力があるか、などにも左右されるだろう。

また、「能力」は「手段」だけでなく「機会」にも依存する。最先端の装備を如何に多数保有していても、それらを最も効果的に使う環境、すなわち「機会」が全くなければ「脅威」はゼロであり、最新鋭装備も宝の持ち腐れとなる。中国側の「機会」を推し量る上では、中国を取り巻く内外情勢の深刻度や、それを判断する軍指導者、更に、その軍を

統制する政治指導者の判断の優劣の分析が重要になるだろう。具体的には、

①対外的「機会」：外国からの侵略、挑発、死活的利益への圧力・侵害の有無とその程度

②国内的「機会」：共産党の「統治の正統性」欠如による現政権の指導力低下、党の権威の失墜（例えば、台湾解放が不可能となる場合）から国民の批判を逸らす必要性の有無とその程度、人心の離反による求心力低下を回避する必要性とその程度、ナショナリズムに訴え国論を統一する必要性とその程度

③判断・意思決定の「機会」：中国の軍事・政治指導者たちの果敢に動く行動力、慎重に待つ忍耐力、客観的な情勢判断能力、判断のための正確な情報の有無、指導者の個人的資質、国民感情

などが考えられる。

意図＝目的×動機

続く第四章では潜在的敵対国からの「脅威」のうち「意図」について分析する。巷に溢《あふ》れ始めた「米中戦争」関連著作の多くは「脅威」のうちの「能力」、特に軍事的「能力」に関する解説が多い。しかし、近い将来、中国が米国と戦うことも辞さず、台湾侵攻とい

う軍事的な賭けになぜ打って出るか、といった「意図」に関する詳細な分析は、残念ながらあまり見られない。

仮にそうした分析があっても、多くは抽象的なものだ。例えば、台湾が中国にとり最重要の「核心的利益」だから、いや、２０２７年が人民解放軍建軍１００周年だから、いやいや、習近平総書記が「２０５０年までに中国を社会主義現代化強国にする」と述べたから、といった具合である。「目的」は分かったが、この種の説明では「意図」に関する分析が不十分であり、中国を適切に「抑止」する上ではあまり参考にならない。

「意図」において重要なことは、遂行すべき「目的」の重要さ、困難さだが、それにも増して重要な要素は、そうした「目的」をどうしても遂行すべき外交的、内政的な「動機」の強さである。「動機」が強固であればあるほど、脅威を与える「意図」も一層強硬かつ硬直的なものとなり、全体として柔軟な判断が難しくなる。

それでは、潜在的敵対国の「意図」とは何か。「意図」の要素の一つは「目的」である。「目的」はその敵対国の「国家戦略」とその国家の「指導者の判断」に依存する。特に、中国の「目的」を推し量る上では、①国家戦略は何か、②その優先順位は何か、更には、③その判断に個人的野心などの側面があるかといった点を、総合的に分析・判断する必要がある。

第四章後半では、「意図」のもう一つの要素である「動機」について考察する。「動機」は敵対国を取り巻く内外諸情勢と同国の政治指導者の判断能力に依存する。特に、中国の「動機」を推し量る上では、次の3つの要素が重要となる。中でも筆者が最も重視するのは、敵対国の最高意思決定権者が個人的な判断ミスを犯す可能性だ。具体的に見ていこう。

①対外的「動機」：外国からの侵略・圧力・侵害などの程度、同盟国の連携・結束のレベル、外的脅威に対抗する国民的気概や意識の有無

②国内的「動機」：「統治の正統性」欠如により政権の指導力が低下する中で政治指導者が国民の批判を逸らす必要性、人心の離反による政治的求心力の低下を回避する急迫性、ナショナリズムに訴えて国論を統一する政治的意志の有無

③判断・意思決定上の「動機」：以上の諸要素に対する政治・軍事指導者の誤算・情勢判断のミスや情報不足、指導者の個人的資質、国民的感情のレベル

「動機」を左右する内外情勢の具体例

続く第五章では、第四章で述べた潜在的敵対国の「意図」、特に軍事行動をとる「動

機」を左右する要素である内外情勢を論じたい。ここでは中国の内政・外交を取り巻く諸状況を詳しく分析する。具体的には、

①中国の現体制はどの程度国際的に孤立しているか
②中国に対しどの程度の（追加）経済制裁が発動されるか
③中国の国内経済成長率はどの程度か、今後の見通しはどうか
④中国現政権の統治の正統性は低下するか、政権党内政敵の批判は顕在化するか、民衆抗議運動は激化するか

続いて考慮すべきは台湾の内政・外交を取り巻く諸情勢だ。例えば、

⑤台湾の政権与党は民進党か、国民党か
⑥政権与党の対中姿勢、またそれに対する有権者の支持はどの程度か
⑦台湾に対する国際的支援はどの程度か

更には、中台関係をめぐる日米露、ＡＳＥＡＮや欧州など主要国の動向も「動機」に大きな影響を及ぼし得るだろう。具体的には、

⑧各国の政権党の外交政策の基本は国際主義か、孤立主義か
⑨各国政権党の対中政策は抑止的か、関与的か、対決的か、宥和的か
⑩各国の議会や有権者の対中観はどうか
等々が考えられる。

効果的抑止のための脅威認識

「脅威」の概念に関する分析はもうこのくらいで良いだろう。既に述べたとおり、第三、四章で筆者が「意図」につき微に細に分析した理由は、巷に氾濫《はんらん》する「米中戦争論」の多くが「能力」や「戦争の様態」に関する分析に偏っているからだ。しかし、潜在的敵対国との戦争を未然に防ぐには、まずその国の「脅威」、特に「意図」を正しく理解し、十分な「抑止力」を整備しておくことが不可欠である。

繰り返しになるが、本書の目的は「米中戦争」の態様を予測することではない。より重要なことは、万一「米中戦争」が起こり得るのであれば、彼我の「能力」対比だけでなく、戦争が始まる理由を可能な限り詳しく予測し、最終的に戦争を「抑止」することだ。その

「抑止」方法を議論しない限り、米国、日本、台湾などが何をすべきかを論じても、あまり政策的意味はないと筆者は考える。

21世紀の戦争形態

以上を前提に、第六章以降では将来起こり得る「米中戦争」の形態に焦点を当てる。「グレーゾーン事態」「ハイブリッド戦争」など、この分野における先行研究は少なくない。21世紀のロシアによるクリミア占領、ウクライナ東部の実効支配などに見られるとおり、今や「戦争」の定義は大きく変わりつつある。その意味で、「米中戦争」は「既に始まっている」と考えても良いだろう。

人類の歴史は戦争の歴史でもある。過去数千年間、人類はあらゆる形態の戦争を経験してきた。戦争の起き方は千差万別であり、そのエスカレーションの態様も一様ではなかった。1928年8月にいわゆる「不戦条約」が採択・署名され、第二次大戦後には国連憲章が採択されたことで、戦争は既に「違法化」されている。それにもかかわらず、戦争が生き物のように、常に姿形を変え、現在も続いている理由は何か。

どうやら、戦争をもう一度根本から考え直してみる価値はありそうだ。少なくとも、

「正規軍」を使い、「宣戦布告」を行い、「戦時国際法」を尊重し、陸海空の「3次元」のみで戦い、「講和条約」をもって終結する「在来型戦争」はあまり起きないかもしれない。人類の歴史が戦争の歴史ならば、こうした「在来型戦争」は、人類史上、人間同士の戦いの中では、ごく最近の一形態に過ぎないのかもしれない。

戦争が「勝った者勝ち」であれば、古代、中世は勿論のこと、現在でも人間は常に新しい形態の「勝てる戦争」を模索している。「在来型戦争」には至らない、「グレーゾーン事態」を含む、非正規、非在来型の、情報、サイバー、宇宙、電磁界など多次元に広がった「ハイブリッド戦争」は続く。「在来型か否か」「国際法上合法的か否か」に関わらず、最も重要なことは戦争目的が達成されることだからだ。

では、このような時代の「戦争」を如何に「抑止」すべきか。正規軍だけでなく、海上民兵、特殊部隊、沿岸警備隊、サイバー部隊、宇宙戦部隊など、これまでにない新たな軍種、兵器システムが投入される現代の戦争を「抑止」するには、従来とは異なる様々な新しい戦争形態を分析する必要がある。以上を踏まえ、第六章では、今話題の「グレーゾーン事態」と「ハイブリッド戦争」の概念を説明する。

「グレーゾーン事態」と「ハイブリッド戦争」

「グレーゾーン」なる概念が広まったのは比較的最近のことだ。一般に「グレーゾーン事態」とは、「純然たる平時でも有事でもない事態であり、領土や主権、経済権益などをめぐる主張の対立を背景とした、武力攻撃事態と認定が困難な主権侵害、或《あ》るいは、その発生の可能性が高い事態」だと理解されている。要するに、「グレー」とは白（平時）でも黒（有事）でもないという趣旨で命名されたのだろう。

ちなみに、日本の「防衛白書」では次のように解説している。

いわゆる「グレーゾーンの事態」とは、純然たる平時でも有事でもない幅広い状況を端的に表現したものです。

例えば、国家間において、領土、主権、海洋を含む経済権益などについて主張の対立があり、少なくとも一方の当事者が、武力攻撃に当たらない範囲で、実力組織などを用いて、問題に関わる地域において頻繁にプレゼンスを示すことなどにより、現状の変更を試み、自国の主張・要求の受け入れを強要しようとする行為が行われる状況をいいます。[*5]

一方、防衛白書は「ハイブリッド戦争」についても解説している。

いわゆる「ハイブリッド戦」は、軍事と非軍事の境界を意図的に曖昧にした現状変更の手法であり、このような手法は、相手方に軍事面にとどまらない複雑な対応を強いることになります。

例えば、国籍を隠した不明部隊を用いた作戦、サイバー攻撃による通信・重要インフラの妨害、インターネットやメディアを通じた偽情報の流布などによる影響工作を複合的に用いた手法が、「ハイブリッド戦」に該当すると考えています。このような手法は、外形上、「武力の行使」と明確には認定しがたい手段をとることにより、軍の初動対応を遅らせるなど相手方の対応を困難なものにするとともに、自国の関与を否定するねらいがあるとの指摘もあります。

その上で防衛白書は「グレーゾーン事態」と「ハイブリッド戦争」の関係について、

「顕在化する国家間の競争の一環として、『ハイブリッド戦』を含む多様な手段により、グレーゾーン事態が長期にわたり継続する傾向にあります。」と結んでいる。分かったようでよく分からない迷解説だが、恐らく前者が「平時か、有事か」に着目するのに対し、後者は「軍事か、非軍事か」に着目しているのだろう。

しかし、「平時」「有事」「軍事」「非軍事」なる分類はあくまで人工的なものだし、完璧に分類できてもそれで「戦争に勝てる」訳ではない。戦争技術が進化すれば、当然、戦争のルールや「戦時国際法」の規範も変わっていく。逆に言えば、人類は常に、既存の戦争のルールに反しない、ギリギリの戦術・戦法で、相手の弱点を突いて勝利する手法を考え、戦ってきたといえるだろう。

仮に、ある国の戦法が従来の「騎士道」や「戦時国際法」などのルールに反する卑怯なやり方であっても、それが大量殺戮《さつりく》のような「非人道的」なものでない限り、国際法規やルールはそれを後追いする傾向がある。今日の「グレーゾーン事態」や「ハイブリッド戦争」なる概念も、決して21世紀に生まれた新たな概念ではなく、むしろ古くて新しい課題なのかもしれない。

「グレーゾーン事態」と「ハイブリッド戦争」の抑止

近年「グレーゾーン事態」「ハイブリッド戦争」に関する学問的研究は世界各地で急増している。日本にもいくつか優れた先行研究[*6]があるので、第七章ではその成果も踏まえ、「米中戦争」で想定される「グレーゾーン事態」「ハイブリッド戦争」について詳しく論じたい。但《ただ》し、本書の目的はあくまで「米中戦争」の効果的「抑止」を考えることであり、両者のより正確な定義や分類を行うことではないので、悪しからず。

「米中戦争」がいわゆる「グレーゾーン事態」「ハイブリッド戦争」の様相を呈する可能性は十二分にある。されば、それぞれの局面について、いかなる戦術・戦法が採用されるか、それに対し最も効果的な「抑止」方法は何か、から考えてみよう。潜在的敵対国側の「能力」や「意図」によっては、それぞれ効果的な「抑止」の方法が異なるだろうからだ。

米中軍事対立に関するマトリックス分析

以上を踏まえ、本書後半では、台湾をめぐる「米中戦争」が如何なる態様で戦われるか、また、それを如何に「抑止」できるかにつき、「マトリックス」手法で分析していく。但し、「米中戦争」開戦時には、関係者それぞれに様々な思惑が当然あり得る。実際の戦争の始まり方、態様も千差万別だろう。朝鮮半島や南シナ海、東シナ海、サイバー空間、宇宙空間など台湾以外にも衝突の蓋然性が高い戦略空間は少なくない。

だが、本書では「台湾問題」に注目する。そもそも、先に述べた「朝鮮半島、南シナ海、東シナ海、サイバー空間、宇宙空間」では、既に米中間で「グレーゾーン事態」や「ハイブリッド戦争」が始まっている。しかも、幸いそれぞれの状況はある程度「抑止」されており、仮に「抑止」に失敗しても、米中間の在来型兵器による本格的な長期戦争に発展する可能性はあまり高くないだろう。

これに対しては異論もあろうが、本書では敢えて議論を「台湾」に限定する。台湾で何かあれば、中国は「本格的な戦争」を躊躇しない、もしくは、躊躇できない、理由が十分あると思うからだ。台湾以外の有事の可能性については別途稿を変えて論ずることとし、本書では若干複雑にはなるが、台湾関連有事につき様々な可能性を網羅的に検討すべくマトリックス手法による16類型を採用した。

まず、第八章では、本格的な「米中戦争」が起こる蓋然性が最も高い台湾問題に着目し、中国の台湾に対する「意図（特に目的）」につきある程度の単純化をお許し頂いて、

A　台湾を全面侵攻し占領する

B　金門《きんもん》・馬祖《ばそ》のみを侵攻し占領する

C　南シナ海の台湾離島のみを侵攻し占領する[*7]

D　台湾に対し軍事的威嚇のみを行う

の4つの「目的」を考える。

更に、こうした中国側の「意図」に対し、米国の台湾に対する「意図」についても、ある程度単純化し、

a　全力で台湾を防衛する

b　可能な限り台湾を防衛する

c　条件付きで中国と妥協する

d　中国との全面対決を回避する

という4つの「目的」を考えた。以上の米中のそれぞれ4種類の思惑の結果生じる可能性をマトリックス手法により16類型・シナリオに分類した上で、それぞれにつき軍事的、政治的に何が起こり得るかを占っている。詳細は本書151ページ以下をお読み願いたい。無論、これで米中戦争の全ての可能性を網羅できたとは思わないが、「頭の体操」として

は必要にして十分だろう。

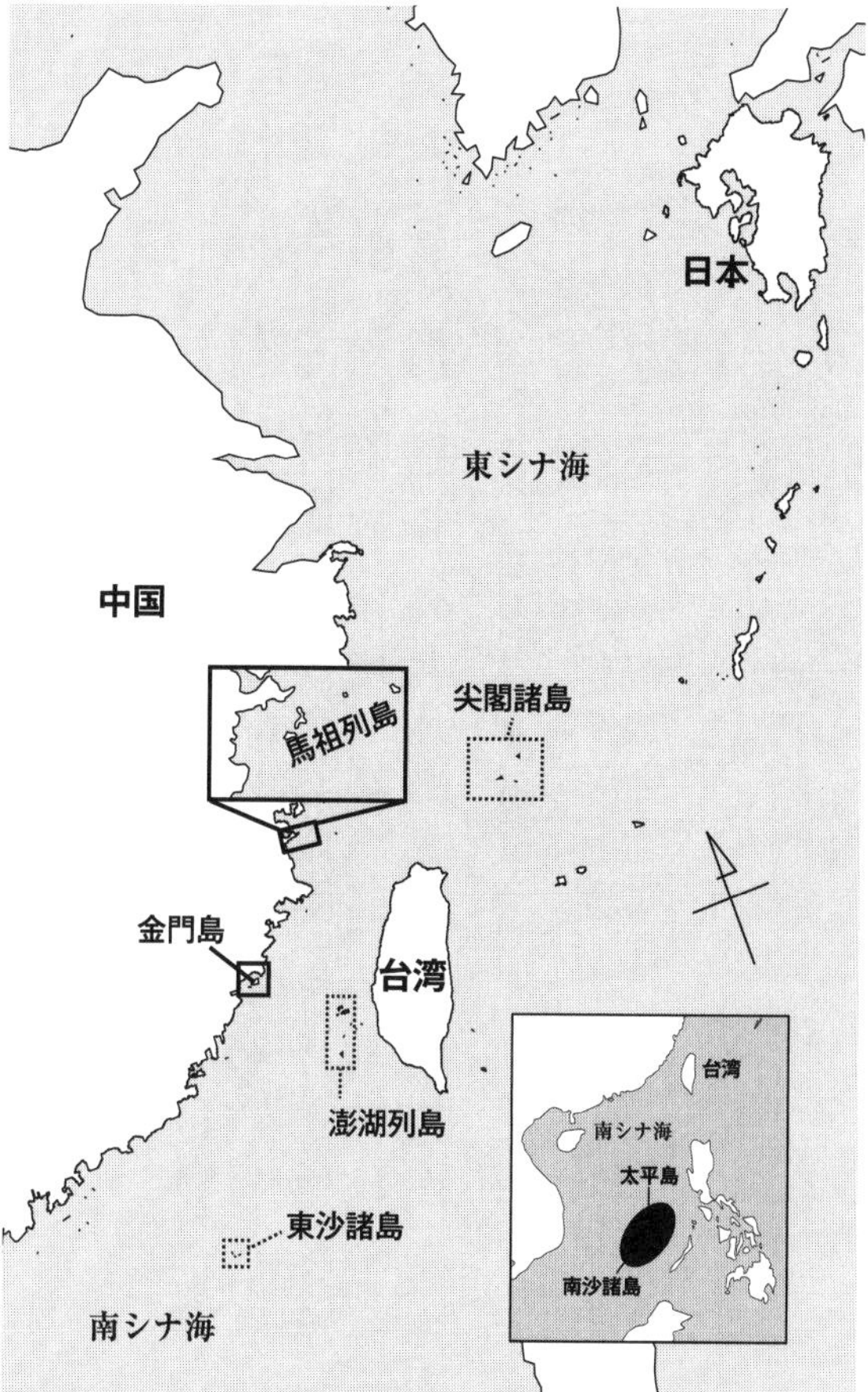

（注）現在台湾は、台湾島・澎湖諸島、金門島・馬祖島に加え、南シナ海のプラタス（東沙）諸島およびスプラトリー（南沙）諸島の太平島を実効支配している。

中台紛争に至る中台双方の「目的」に関するマトリックス分析

続く第九章では、米中関係ではなく、中台関係に焦点を当て、中国の「脅威」の一要素である「意図」の中の「目的」に着目したマトリックス分析を試みる。具体的には、中国の台湾に対する「意図（特に目的）」についてある程度単純化し、第八章と同様、

A　台湾を全面侵攻し占領する
B　金門・馬祖のみを侵攻し占領する
C　南シナ海の台湾離島のみを侵攻し占領する
D　台湾に対し軍事的威嚇のみを行う

の4つの「目的」を考える。同時に、台湾側の中国に対する「意図（特に目的）」もある程度単純化して、

a　この機に乗じ台湾独立を目指す
b　全力で戦い現状を維持しようとする
c　日米から支援が得られず中国と妥協する
d　中国側に全面譲歩する

という4つの「目的」を考えた上で、これら双方の「目的」により生ずる結果をマトリックス手法を用いて16類型・シナリオに分類し、それぞれについて何が起こり得るかを占ってみる。これも、第八章と同様、あくまで「頭の体操」と考えて頂きたい。

中台紛争に至る中台双方の「動機」に関するマトリックス分析

第十章では中台紛争の際の双方の「意図」につき、第九章で分析した「目的」ではなく、「動機」に着目して分析する。ここでも中国の指導部が台湾侵攻に対して抱くであろう「意図（特に動機）」をある程度単純化し、

A　軍事的勝利を確信したため
B　党内で指導的権威を再確立するため
C　国内のナショナリズムの高揚に押されて
D　現状のままではジリ貧となるため

の4つの「動機」を考えると同時に、台湾の中国に対する「意図（特に動機）」として、

a　米軍・自衛隊の全面支援を確信する
b　米軍のみの支援を期待する

c　米国支援がなく妥協も辞さない
d　台湾内の分裂で絶望感から自暴自棄になる

という4つの「動機」を考えた上で、これら双方の「動機」により生ずる結果をマトリックス手法を用いて16の類型・シナリオに分類し、それぞれについて何が起こり得るかを占ってみる。これも、第九章と同様、あくまで「頭の体操」である。

米中戦争を如何に抑止するか

最終章では、本書の究極的な目的である「米中戦争」の「抑止」方法について考える。

ここでいう「抑止」とは、軍事抑止論で使われる「相手が攻撃してきた場合、軍事的な対応を行って損害を与える姿勢を示すことで攻撃そのものを思いとどまらせる」といった軍事力の役割に限定せず、より広く政治的、外交的、経済的、社会的、心理的に「紛争を回避する、予防する」意味でも使っている。

「脅威」を「抑止」するにはその「能力」と「意図」を「抑止」すべきであり、特に、その「手段」と「機会」、その「目的」と「動機」を如何に「抑止」すべきかが重要となる。

まずは、それぞれについて一般的な抑止方法を考えた上で、第八〜十章で見た各類型に対し最も適切な抑止手段を考えることにする。

さてさて、まずは、ここまで一気に読んで下さった読者の皆様に心から感謝申し上げたい。前述のとおり、本書はやや複雑な構成となっており、精読するにはある程度の「知的体力」が求められると思うからだ。「読む」のも大変だろうが、知的体力の劣る筆者にとって「書く」のは一苦労だった。本書での論考が不十分な点について、責任は全て筆者にある。以上を前提に、「はじめに」で述べてきた諸々の論点について、更にご関心があれば、以下のそれぞれの章で、より詳しい分析をお楽しみ頂ければ幸いである。

＊1　米インド太平洋軍デービッドソン司令官の米上院軍事委員会公聴会での証言（2021年3月9日）
https://www.armed-services.senate.gov/hearings/21-03-09-united-states-indo-pacific-command
https://news.usni.org/2021/03/09/davidson-china-could-try-to-take-control-of-taiwan-in-next-six-years

＊2　https://globe.asahi.com/article/14305417

＊3　「三通」とは「通商」「通航」「通郵」であり、中国が台湾に求めた交流を意味する。2008年、台湾の中国国民党・馬英九政権は対大陸政策を大幅に転換し、中台間の交流はある程度進んだ。

＊4　古典的な論文としては David Singer, "Threat-perception and the armament-tension dilemma," The Journal of Conflict Resolution, March 1958 がある。

＊5　「〈解説〉『グレーゾーンの事態』と『ハイブリッド戦』とは」（令和2年版防衛白書）https://www.mod.go.jp/j/publication/wp/wp2020/html/n11001000.html

＊6　例えば小泉悠『現代ロシアの軍事戦略』、志田淳二郎『ハイブリッド戦争の時代』など

＊7　金門・馬祖と南シナ海の東沙諸島を敢えて区別した理由は、①いずれも中国共産党が得る利益には限界があるものの、②前者の場合は戦域と関係国が台湾周辺に限定されるのに対し、③後者では戦域が南シナ海全域となり、関係国の数もはるかに多いためである。いずれにせよ、マトリックス分析手法では蓋然性が低くても、あらゆる可能性について分析するのが原則である。

米中戦争
「台湾危機」驚愕のシナリオ

目次

はじめに　3

図版／谷口正孝
地図／加賀美康彦

第一章

国交正常化後の米中関係

——過去から将来のマトリックス分析

巻には「中国はいずれ台湾に対し軍事行動を起こす」といった類の安易な「米中開戦論」がある。本書の目的は、こうした極論・迷論を排し、米中衝突の可能性を軍事的合理性からだけではなく、東アジアの国際情勢や中国国内の政治、経済、社会的要因なども勘案しながら、より総合的に分析することだ。当然ながら、本書では「まず米中戦争ありき」、もしくは「あり得べし」といった前提の議論は行わない。

以上を前提に本章では、米中を取り巻く国際情勢の現状を可能な限り客観的に分析した上で、米中関係が向かうであろう様々な方向性を、マトリックス手法を用いて洗い出し、それぞれについて詳細な分析を試みる。具体的には、1970年代以降の米中関係の歴史を振り返り、その進展と後退の流れを考察することにより、米中関係の現状を分析することから始めたい。

米中政治関係に関するマトリックス分析

複雑な米中関係をある程度単純化しよう。米中双方とも、①相手と協調するか、②相手と緊張関係に入るか、あるいは、③相手と敵対・競争関係を覚悟するか、という3つの「意図」があると仮定し、マトリックス手法により米中関係を9つの類型・シナリオに分類する。その上で、1972年以降の米中関係がこれら9類型のうちどれに該当するかを考え、今後の米中政治関係の行方を占う。

まずは、1972年以降の米中関係を概観してみよう。

①1972～80年　対ソ連牽制《けんせい》で米中連携が始まり、米中双方が極めて良好な関係を模索した時期

キッシンジャーとニクソンの訪中を皮切りに、米中双方が相手との協調を最優先した時代だったが、同時に、1979年以降、米国は台湾関係法という国内法で台湾の防衛につき一定のコミットメントを維持する。

②1981～84年　対台湾武器供与で中国が反発し、中国側が対米懸念・反発した時期

米国が台湾関係法による台湾支援を続けたことに中国側が強く反発し、米中関係は一時停滞する。

③1985～88年　米中関係が改善し、再び良好な関係に復帰した時期

対ソ連牽制を重視した中国側は米国との関係改善を優先し、米中関係は再び良好な関係に復帰する。

④1989～94年　天安門事件で米国は対中経済制裁を発動し、米側が対中懸念・反発

した時期

ソ連の動揺・崩壊に危機感を覚えた中国が天安門広場での民主化運動を徹底的に弾圧したのに対し、米国など西側諸国は対中経済制裁を発動するなど中国に対する懸念を深め、米中関係は停滞する。

⑤1995〜96年　クリントン政権一期目に台湾総統選で対中懸念が深まり、相互不信が高まった時期

クリントン政権は当初、対中制裁よりも対中関与を重視していたが、1996年の台湾総統選挙をめぐり米中間で軍事的示威活動の応酬があり、米中とも双方に対する懸念を深めた。

⑥1997〜2000年　米中首脳が相互訪問し、再び良好な関係に復帰した時期

クリントン政権が再び対中関与政策を模索し始め、首脳の相互訪問が実現するなど、米中関係はある程度良好な関係に復帰する。

⑦2001〜10年　対テロ戦争によりブッシュ政権が対中懸念を棚上げした時期、およびオバマ政権一期目で対中関与を再び試みた時期

2001年1月に就任したブッシュ大統領は中国に対する懸念を深め対中政策の見直し

を始めたが、同年9月の同時多発テロ以降は、中国の「対テロ戦」支持を得るべく対中協調路線への転換を余儀なくされた。更に、2009年に就任したオバマ大統領も、中国に対する懸念を深めながら、再び対中関与政策を模索し、中国側が提起した「新型大国関係」にも一定の理解を示した。

⑧2011〜16年　オバマ政権二期目に関与から抑止へ対中政策を転換し、米側が懸念を一層深めた時期

オバマ政権も二期目に入ると、気候変動国際会議などでの中国の自己主張に懸念を深め、従来の対中関与政策の修正を本格的に試みるようになった。

中国でも2012年に習近平が共産党総書記に就任し、従来の対外政策を徐々により自己主張の強い強硬なものに変え始めた。

⑨2017〜18年　トランプ政権前半は対中懸念を深めながらも、再び対中関与を試みた時期

トランプ政権は大統領選挙中から、従来の政権以上に対中関係を国内政治手段として利用してきたが、政権発足当初は、これまでの政権と同様、対中関与政策を試み、中国側も対米懸念を持ちつつ、米国との協調の可能性を模索した。

⑩２０１９～20年　トランプ政権後半に貿易戦争が激化し、双方が敵対・競争関係に入った時期

トランプ政権はその後、貿易問題を中心に高関税の相互賦課など強硬姿勢を示すようになり、また中国側も対米妥協を拒否するなどこれに強く抵抗したため、米中関係は新たな敵対・競争関係に入った。

⑪２０２１年～現在　バイデン政権はトランプ政権以上に厳しい姿勢をとり始め、現在に至る

中国との敵対・競争
第三類型 該当時期なし
第六類型 米側が懸念を一層深めた時期 ⑨2017～18年 トランプ政権前半、習近平政権は対米関係の修復の可能性を一時模索する
第九類型 双方ともが敵対関係に入った時期 ⑩2019～20年　トランプ政権後半は貿易戦争が激化 ⑪2021年～現在　バイデン政権はトランプ政権以上に厳しい姿勢

表1：過去半世紀の米中関係の推移に関するマトリックス

【中国】		【米国】中国との協調	【米国】中国への懸念
【中国】	米国との協調	第一類型 良好な関係 ①1972～80年 対ソ連牽制で米中連携 ③1985～88年 米中関係改善 ⑥1997～2000年 米中首脳相互訪問	第二類型 米側が懸念・反発した時期 ④1989～94年 天安門事件で対中経済制裁 ⑦2001～10年 対テロ戦争で対中懸念棚上げ オバマ政権一期目で対中関与
【中国】	米国への懸念	第四類型 中国が懸念・反発した時期 ②1981～84年 対台湾武器供与で中国が反発	第五類型 双方が懸念・反発した時期 ⑤1995～96年　クリントン政権一期目に台湾総統選をめぐり対中懸念深まる
【中国】	米国との敵対・競争	第七類型 該当時期なし	第八類型 中国側が懸念を一層深めた時期 ⑧2011～16年　オバマ政権二期目からは対中抑止へ徐々に政策転換 　中国は2012年から習近平政権となり、米国との敵対・競争政策をとり始める

以上をマトリックス手法で取りまとめたのが前ページの表である。

これから導かれる筆者の仮説は次のとおりだ。

① 1972年以降の30年間は、幾度か相互不信や懸念が高まった時期はあったものの、米中関係には基本的に良好な関係（第一類型）へ戻ろうとする「復元力」が機能した時代であった。米国は中国の「改革開放」政策を評価し、中国に対する懸念を持ちつつも、中国を国際社会に関与させる政策を継続した。ところがその後、米国の対中政策は大きな転機を迎えることになる。

② 21世紀に入り、米国では議会を中心に対中懸念を深めつつあったものの、G・W・ブッシュ政権、オバマ政権では従前の「対中関与」政策が継続されていた（第二類型）。この時期に変わったのは米側ではなく、むしろ中国側の米国に対する態度だった。中国が従来ほど対米協調を重視しなくなったため、米国の対中政策も以前の「対中関与」政策（第

二類型）から、「対中抑止」政策（第六、八類型）へ移行し始める。

③その後、習近平政権の誕生により、中国の自己主張はますます強硬となり、2017年のトランプ政権、2021年のバイデン政権の時代になると、米中両国ともに相手との敵対・競争関係の悪化を覚悟し始める（第六、八類型から第九類型へ）。一旦、敵対・競争モードに入った場合、米中対立は一線を越え、以前のような「協調関係への復帰」が難しくなる。今後は両国の対立が一層エスカレートする可能性すら懸念される。

個人的回想――2020年代の中国は、1930年代の日本を彷彿とさせる

短期間ながら台湾で中国語を学習した筆者が初めて大陸中国を見たのは2000年秋だった。当時の米中関係は上記のマトリックスで言えば第二類型に当たり、両国にはまだ一定の「復元力」が残っていたような気がする。筆者の限られた経験で言えば、当時の中国人には、一部に「反米感情」を隠さない若者もいたが、概して米国には好意的で、米国人にもそれなりの敬意を払っているように感じられた。

その中国が急速に自己主張を強めるようになったのは、やはり習近平総書記の時代にな

ってからだ。米国ではオバマ政権が二期目に入り、日本では安倍晋三が首相に返り咲いた時期である。その頃から米中関係は、単なる「貿易戦争」ではなく、大国同士の「覇権争い」の様相を呈し始めた。2020年代の中国の動きは、1930年代に米国の海洋覇権に挑戦した日本を彷彿《ほうふつ》とさせる。事態は想像以上に深刻である。

抑止の教訓その1：中国の「自己主張」を如何に抑止するか

では以上のような経緯のある米中対立のエスカレーションを回避する、すなわち中国を「抑止」するにはどうすべきか。上記マトリックスで言えば、如何に「第五類型」から「第一類型」または「第二類型」に復帰させるか、如何に「第九類型」に移行させないか、ということだ。鍵となるのは、如何に中国に「自己主張」を抑制させるか、もしくは、如何に「韜光養晦」[*8]政策に復帰させるかであろう。

上記マトリックス分析を前提とすると、当初米中関係は様々な紆余曲折を経ながらも、双方の態度が「懸念」から「協調」に歩み寄る「復元力」を示してきた。実際に、米国が中国に対し明示的に「敵対的」態度をとり始めたのは数年前のことである。逆に言えば今は中国にとって、米国が対中政策を軟化させる最後の機会、ともいえるだろう。

現状で中国に対米対立のエスカレーションを回避させる方法は何か。中国が自己中心的態度を改めない限り米国は対中関係を改善しないのか、中国がどの程度政策を変更すれば米国が現在の対中関係を「見直す」可能性があるのか、その場合に、米国からはどの程度の政策緩和が期待できるのか。エスカレーション回避には、これらそれぞれについて米中間に最低限の「暗黙の了解」が必要となる。

そもそも中国は何故このような強い「自己主張」を始めるに至ったのか、なぜ中国政府はかくも「自信過剰」になったのだろうか。中国政治・軍事指導層、特に習近平政権の「自信過剰」は決して偶然ではないだろう。それは1990年代以降の西側諸国による対中経済投資政策の失敗の結果である可能性はないのか。続く第二章では、中国経済社会発展モデルを使い、「自信過剰」の原因を分析する。

＊8　「とうこうようかい」：「韜光」とは能力を隠すこと、「養晦」は隠居すること。「才能を覆い隠し、時期を待つ」という意味で、日本語の「能ある鷹は爪を隠す」に近い。1999年の第9回駐外使節会議で、江沢民総書記は「冷静観察、穏住陣脚、沈着応対、韜光養晦、有所作為」（冷静に観察し、しっかりと足場を固め、沈着に対処し、能力を隠して力を蓄え、力に応じ少しばかりのことをする）が中国外交の基本方針だと述べたとされる。

第二章

中国の発展に関するモデル分析

なぜ米中は敵対関係に入りつつあるのだろう。なぜ中国経済はかくも急速に米国経済に追い付き、追い越そうとしているように見えるのか。筆者の現時点での仮説は、今の中国は「中国と日米など西側諸国の共同作業」、もしくは「西側の歴史的誤算」の結果ではないか、ということだ。本章では、現在の米中関係を経済面から分析し、今後の中国経済や社会が進む方向性を予測してみたい。

中国の経済発展段階に関するマトリックス分析

まずは中国経済と中国政治システムの相関関係に着目し、中国の経済発展段階と米中関係に如何なる関連があるかを考えてみよう。具体的には、中国が経済的に繁栄するか、行き詰まるか、また政治的に民主化が進むか、独裁が進むかの可能性につき、マトリックス手法を用いて、現在の中国がどの類型・シナリオに当てはまるかを検証する。以前筆者が考えた類型・シナリオは次の4つのモデルだった。[*9]

第一類型（経済的に繁栄し、政治的に民主化が進む「第一モデル」）

社会主義経済であった中国に巨額の投資と必要な技術移転を行えば、潜在的に質の高い労働力が豊富な中国は経済的に繁栄する。こうして、中国社会が豊かになれば、ある時点から中国社会は変質し始め、市民社会が生まれる。市民社会では市民が個人の自由や権利を重視するようになるため、この「第一モデル」ではいずれ中国社会は民主化に向かうと想定する。

第二類型（経済的に繁栄し、政治的に独裁制が進む「第二モデル」）

これに対し、第二類型では、中国が経済的に繁栄したにもかかわらず、共産党独裁はその果実を独占するため、中国社会に市民社会は生まれないと想定する。「第二モデル」では、中国共産党がこうした経済的繁栄の果実の大半を国防と治安の分野に費やして共産党体制の更なる強化を図った結果、市民の個人の自由や権利の増進ではなく、共産党の独裁制が一層進むと見る。

「第二モデル」には、更に2つの「サブモデル」が考えられる。第一は、中国の経済発展が急速に進み、中国の人民解放軍や武装警察を中心とする国防・治安能力が米国に匹敵するなど中国の「軍事大国化」が進むと想定するサブモデルだ。これに対し、第二サブモデルでは、市民社会には至らないとしても高度経済成長の果実が民生の安定をもたらし、独裁制は現状レベルを当面維持すると考える。

第三類型（**経済的に行き詰まり、政治的に民主化が進む「第三モデル」**）

これらに対し、「第三モデル」では、中国の社会主義経済に巨額の投資と必要な技術移転を行っても、その非近代性と非効率により中国は経済的に行き詰ると想定する。中国社会に外国の資本や技術が投入されながらも経済が思うように発展しなければ、ある時点から中国国内で貧富の差が拡大し始め、社会全体が不安定化する可能性もあると考える。

こうした「第三モデル」には、更に2つの「サブモデル」が考えられる。第一は、中国社会が不安定化し、知識人や学生が人々の政治的自由や権利を求める革命が起こると想定するサブモデルだ。これに対し第二サブモデルでは、中国社会が極度に不安定化するため、共産党独裁は維持されるものの、いずれ中国社会全体が無政府状態に陥ると想定する。

第四類型（**経済的に行き詰まり、政治的に独裁制が進む「第四モデル」**）

最後の「第四モデル」でも、外国からの巨額の投資と必要な技術移転にもかかわらず、その非近代性と非効率により中国経済は行き詰まると見る点は「第三モデル」と同じだ。

表2：中国の経済発展段階に関するマトリックス分析

	民主化が進む	独裁制が続く
経済的に繁栄する	第一モデル（経済繁栄→民主化促進）	第二モデル（経済繁栄→独裁継続） 2-a軍事大国化モデル 2-b現状維持モデル
経済的に行き詰まる	第三モデル（経済衰退→体制変更） 3-a民主革命モデル 3-b無政府状態モデル	第四モデル（経済衰退→独裁継続）

だが、「第四モデル」では、仮に貧富の差が拡大し始め、中国社会が不安定化するとしても、中国共産党はその強力な軍事力・治安維持能力を駆使して、独裁制を引き続き維持しようとし、かつ、それに成功すると想定する。

これらのモデル・サブモデルをマトリックスで示すと、上記の表のとおりとなる。

「第一モデル」を夢見た西側諸国

以上を前提に1979年から始まった中国の「改革開放」政策を振り返ってみよう。1980年代の中国は明らかに「第一モデル」を体現していたのだが、結論を先取りすれば、1990年代、我々は「夢を見た」ということだ。その夢とは、中国が経済的に繁栄すれば、中国にも市民社会が生まれ、いずれは徐々に民主化が進むという希望だ。我々はこれにも期待して、対中投資を拡大したのである。

しかし、実際にはその後20年間、経済的果実は市民社会にではなく、主として中国の治安・国防に投入され、結果的に共産党による独裁体制は強化されてしまった。この間、中国の軍事費は毎年拡大を続け、日本の自衛隊は勿論のこと、米国のインド太平洋軍と比較しても、中国人民解放軍側の軍事的優位は部分的ながらも徐々に拡大していった。

幸いその後、状況は変わりつつある。日本の対中政策は、2010年と2012年に起きた二回の尖閣事件により、大幅な見直しを迫られた。日米間でも南シナ海、東シナ海における中国の活動に対する懸念が高まり、「力による現状変更の試み」に反対する認識が顕在化していった。中でも最も決定的だったのはオバマ政権二期目に始まった対中政策の見直しである。

一期目に「対中関与」政策を試みたオバマ政権も2013年以降は、1990年代以降の「第一モデル」が幻想に過ぎず、実際には「第二モデル」、特に「軍事大国化モデル」であることをようやく理解し始めた。米国の対中強硬政策は、決して「トランプ政権の専売特許」ではなく、オバマ政権の後期から始まっていたのである。そうした方向性の変化を踏まえ、当然ながら、日米同盟の対中姿勢も変化していった。

日本では安倍晋三政権時代の2015年に「周辺事態法」が改正された。放置すれば日本への武力攻撃にいたる恐れのある「重要影響事態」を新設し、自衛隊は日本の領域外を含め、日米安保条約に基づき活動する米軍や国連憲章に基づき活動する外国軍隊にも、補給、輸送、修理、整備、医療、通信など後方支援活動や捜索救助活動、船舶検査活動が実施できるようになった。実に隔世の感がある。

個人的回想——中国の脅威を最も早い段階で懸念していたのは外務省北米局？

手前味噌だが、自衛隊関係者を除けば、中国の安全保障上の脅威を最も早い段階で懸念していた日本の文官組織は外務省北米局だったと思う。筆者が日米安全保障条約課長に就任したのは1998年、当時は「周辺事態法」の国会審議の真っ最中だった。日米安保条約の目的達成のため活動する米軍に対し日本が如何なる支援を行うかが問われた法案だったが、法案準備期間も含め足掛け3年もの難産の末、ようやく翌99年に成立した。

しかし、当時のメディアの関心は必ずしも「台湾有事」ではなかった。大半の議論は、日本の周辺で平和と安全に重要な影響を与える「周辺事態」に際し、自衛隊は「地球の裏側まで」行けるか否かといった「地理的制約」の有無や、「朝鮮有事」に対応する米軍に対し自衛隊はどこまで「給水・給油、輸送、医療で支援[*10]」すべきかであり、中国や台湾に関する突っ込んだ議論はあまりなかったと記憶する。

また、当時外務省内では、「中国の潜在的脅威が台湾に及ぶ可能性」があるとの前提で、日米安保条約の運用の観点から中国問題を議論する雰囲気はなかった。実は一度だけ、北米局とアジア局がこの問題を一緒に議論してはどうかと個人的に提案したが、当時は台湾との関係よりも大陸中国を重視するアジア局側から丁重に却下された。あの屈辱は今も鮮明だが、当時の問題意識は外務省内ですら、この程度だったのである。

以上に鑑みれば、２０２１年3月の「日米2＋2」（日米安全保障協議委員会）や4月の日米首脳会談の関連文書で「中国」に対する懸念が明記され、「台湾」について「東シナ海におけるあらゆる一方的な現状変更の試みに反対」し、「台湾海峡の平和と安定の重要性を強調するとともに、両岸問題の平和的解決を促す」と記されたことは、実に感慨深い。

デジタル「経済ブロック」の形成と「デカップリング」

話をマトリックスに戻そう。では、この「第二モデル」「軍事大国化モデル」は今後も長く続くのだろうか。理論的には今後も中国の経済的繁栄が続く可能性を否定しない。だが、中国経済だけがいわゆる「中進国の罠」に陥らないと信じる理由は乏しいだろう。如何に計画・統制経済であるとはいえ、経済理論に反する政策を、人工的かつ永久に続けることは極めて難しいと思うからだ。

されば、今後あり得べきモデルは「第三モデル」、すなわち「経済衰退から体制変更へ向かう」可能性と「第四モデル」、すなわち「経済衰退にもかかわらず独裁が継続する」可能性のいずれかとなる。更に、前者は経済的不満から民衆が立ち上がる「民主革命モデル」と、国内に複数の権力主体が並立する「無政府状態モデル」の2つの可能性がある。いずれも、中国共産党にとって愉快なシナリオではなかろう。

長い中国の歴史は各王朝の栄華と衰亡の歴史であるが、王朝の衰亡にはいくつかパターンがある。ある中国史の専門家は、中国王朝衰亡の3つの共通項として「北方民族と宗教反乱、そして宦官の存在」を挙げる。[*11] 中国は北方民族に何度も侵入され、完全に支配された。王朝が混乱すると宗教反乱が起こり、宦官や皇帝の外戚が権力を握ると、その王朝は必ず滅びた。古代史を見る限り、こうした見方は正しいだろう。

筆者であれば、各王朝が傾く原因として「飢饉、疫病、邪教」の3つを挙げる。現代の共産中国を征服する北方民族は考えにくい。昔の「宦官」や「外戚」に相当するのは党内の反主流派や軍の不満分子等だろうが、これらは当面抑え込んでいる。中国史で顕著なことは、「飢饉」すなわち経済的苦境と、「疫病」すなわちパンデミックと、中国政府が「邪教」と認定する法輪功[*12]の如き宗教反乱による脅威ではなかろうか。

今の中国は、ＩＴとＡＩを駆使する強権的統制により、パンデミックや宗教的反乱をある程度封じ込めている。恐らく、今後起こり得るのは「経済的苦境」、すなわち従来の右肩上がり経済成長が終焉《しゅうえん》し、低成長の下で「中国の特色ある中進国の罠」による生活水準の低下が引き起こす一般大衆の不満ではなかろうか。それが始まる時、中国社会は「第三モデル」または「第四モデル」に移行する可能性が高いだろう。

これに追い打ちをかけるのが、西側諸国による対中「デカップリング」効果である。バイデン政権の誕生により、「経済安全保障」面での米中対立は一層加速化しつつある。半導体などハイテク技術・産業の貿易や技術移転をめぐり、事実上の「デカップリング」を目指す米国と、それに対抗しようとする中国との間の経済面での死闘は今後も先鋭化していくだろう。

１９３０年代、世界恐慌の結果として国際経済では「経済ブロック化」が起きた。しかし、経済のグローバル化が進んだ今、１世紀近く前の地域的な「経済ブロック化」がそのまま蘇《よみがえ》る可能性は低い。今後最も注意すべきは、世界各地の古典的な「経済ブロック化」ではなく、半導体やレアアースなどの戦略物資をめぐるサプライチェーンの対中デカップリングや、複数の半独立的インターネット社会が併存する「デジタル経済ブロック化」であろう。

具体的には、中国を中心とするインターネットのシステムと、欧米、特に米国を中心とするシステムが独立して併存し、両者間には最小限の互換性のみが維持されることになる。日欧韓など米中以外の第三国の企業には、こうした2つのシステムの、一方だけに属するか、難しいバランスを維持しながら双方に属するかの選択が求められるだろう。

抑止の教訓その2：経済面・社会面での抑止

最後に、こうした経済的、社会的な状況の下で中国の自己主張を如何に抑止すべきか、更には、米中の狭間で厳しい経営判断を迫られる可能性がある各国経済界は如何に対応すべきかについて考える。第二章で扱った経済・社会の相関関係に絞って、中国共産党の政治・軍事指導部を「抑止」する、すなわち「対米戦争を決意させない」ためには、次の諸点が外交的に重要となる。

経済面

現在のように中国の対外政策が国際社会に背を向け続ける限り、中国経済の長期的かつ持続的な発展は決して容易ではなく、いずれ中国の国力は衰えていく可能性がある。このことを中国共産党の指導部に理解させるためには、中国経済と国際経済のデカップリングが「単なる可能性」ではなく、「不可避に近い蓋然性」であることを納得させる必要がある。

そのためには経済面、特に、技術革新の分野で、中国に対米優位意識を抱かせないことが重要だ。具体的には、ハイテク分野でのハッキングなどを通じた中国による知的財産権の窃取行為を従来以上に厳しく取り締まる必要がある。また、中国国内での国産技術独自開発能力の進歩を可能な限り遅延させることで、ハイテク軍事面での技術的優位を達成できない状況を作り出すことも重要であろう。

社会面

もう一つの側面は社会情勢だ。中国の一般庶民に対し、中国が現在のような対外政策を継続する限り、中国の国内・国際経済はジリ貧となり、中国の国民生活がこれ以上向上する見込みはないことを理解させなければならない。そのためには、西側諸国が対中経済・貿易政策を変更すると同時に、そうした政策変更の具体的内容を正しく対外発信し、中国の一般国民に深く浸透させる必要がある。

他方、現在中国国内では情報が厳重に統制されており、経済関連情報とはいえ、中国に不利な情報を直接中国一般庶民に伝えることは容易ではない。しかし、中国企業の経済活動に不可欠である経済関連情報は、政治情報とは異なり、より多くの中国人ビジネスパーソンや一般市民に浸透する可能性が高い。中国経済が直面する現実を中国の一般国民に知らしめる努力に終わりはないのである。

＊9 『語られざる中国の結末』ＰＨＰ新書、２０１３年

＊10 https://www.asahi.com/topics/word/%E5%91%A8%E8%BE%BA%E4%BA%8B%E6%85%8B%E6%B3%95.html

＊11 狩野直禎『「中国の歴史」がわかる50のポイント 古代から現代中国までの流れが見える』ＰＨＰ文庫、２００４年

＊12 １９９２年に吉林省出身の李洪志が始めた健康修練法を実践する団体で、一時は中国国内で参加者が7０００万人に達したともいわれるが、１９９９年以降、中国政府が邪教と指定し活動は禁止されている。

第三章
「脅威」とはなにか

ここからは米中間の軍事対立の将来について様々な角度から考えていく。繰り返すが、本書の前提は「まず台湾侵攻ありき」ではない。直感的に考えても、「米中戦争は不可避」だとは思わない。中国が対米戦争をも辞さず、軍事力による現状変更を目指すか否かは、その戦争「能力」や「目的」だけでなく、その他の様々な要因に依存すると考えるからだ。

中国が抱くであろう対米戦争の「目的」としては、台湾の解放・統一、台湾離島（南シナ海を含む）の奪取だけでなく、尖閣諸島の奪取、南シナ海での勢力拡大、朝鮮半島での影響力の拡大、対印軍事力の誇示、対台湾軍事力の誇示など多数考えられる。これらの問題も、台湾問題と同様、米中関係にとっては極めて重要である。本書はこのことを否定するものではない。

しかし、近年の巷の関心の大半は2021年3月のデービッドソン米インド太平洋軍司令官が語った「台湾に対する脅威」に集中している。されば、本章では「米中戦争」の本質をより正確に理解するためにも、まずは同司令官が述べた台湾に対する「脅威」なるものに焦点を当てることにしよう。少しの間、やや難解な形而上学的議論にお付き合い願いたい。

「脅威=能力×意図」分析

前述のとおり、デービッドソン司令官は台湾に対する「脅威」が「今後6年間に顕在化する」と述べたに過ぎない。しかし、この発言が誤訳ないし拡大解釈され、「中国は6年以内に台湾に侵攻する可能性がある」と大きく報じられたことは既に述べたとおりだ。「侵攻する」ことと「脅威」があることとは決して同義ではない。このことをより正確に述べたのが米軍トップのミリー統合参謀本部議長である。

ミリー議長は2021年6月17日、米上院歳出委員会の公聴会で[*13]、中国による台湾の武力統一につき「近い将来に起きる可能性は低いだろう」と語った。報道によれば、同議長は中国の軍事力につき「軍事作戦を実施し、台湾全体を支配するだけの圧倒的な能力を持つには至っていない」と分析し、「現時点で武力統一を実行に移す動機や理由もない」と述べ、早期の台湾侵攻に懐疑的な見方を示した、とも報じられている。[*14]

ミリー議長の発言は極めて注意深いものだ。デービッドソン司令官とは異なり、ミリー議長は「能力」「意図」「動機」なる語で中国の「脅威」を説明する。それでは「脅威」とは何か。軍事専門家が、潜在的敵対国の「脅威」はその国の「能力」と「意図」の乗数[*15]と見ることは既に述べた。要するに「脅威＝意図×能力」ということだが、米上院公聴会でミリー議長は、中国の台湾に対する「脅威」につき次のとおり述べている。

現時点で中国には軍事的にそれ（台湾侵攻）を行う「意図」も「動機」もほとんどない。
'There's little intent right now, or motivation, to do it militarily.'

軍事的にそれ（侵攻）を行う理由がないことは、彼ら（中国）も分かっている。従って、直近、または近い将来、その（侵攻する）蓋然性は恐らく低いだろうと考える。
'There's no reason to do it militarily, and they know that. So, I think the probability is probably low, in the immediate, near-term future.'

中国の「能力」に関する私の評価については、もし中国が、軍事的手段で、台湾という島全体を制圧するような軍事作戦を遂行したいと願っていたとしても、それを遂行するための実際の、かつ冗談ではない「能力」を整備するのは、まだかなり先のことだと私は考えている。

My assessment in terms of capability, I think China has a ways to go to develop the actual, no-kidding capability to conduct military operations to seize through military means the entire island of Taiwan, if they wanted to do that.

「脅威=能力（手段×機会）×意図（目的×動機）」

ミリー議長の証言はデービッドソン司令官の発言より更に明確であり、公聴会での証言としては満点だろう。しかし、中国の台湾に対する脅威をより詳しく分析し、それに対する適切な抑止力を如何に準備し増強するかという観点からは、必ずしも十分ではない。中国のような複雑かつ巨大な統治機構を持つ国家がもたらす「脅威」の「蓋然性」を占うには、一層詳しい分析が不可欠だからだ。

既に述べたように、現在の筆者の仮説は「脅威=能力（手段×機会）×意図（目的×動機）」である。「能力」とは、兵器システムのような「手段」の量や質と、かかる「手段」を最も効果的に行使できる「機会」の乗数である。また、「意図」についても、敵対国の「目的」と、それを達成しなければならない「動機」との乗数と見る必要がある。これらをもう少し詳しく論じていこう。

「能力」としての「手段」

潜在的敵対国の「能力」を測る要素の一つが兵器などの「手段」である。既に述べたとおり、「手段」は、敵対国が国家目的を実行するために保有する軍事・非軍事的なハードウェア、ソフトウェア、諜報能力などの質と量に依存する。また、当該国の軍事戦略がどの程度有効か、火力やサイバー戦などで十分な攻撃力・防御力を有しているか、必要な軍事・非軍事組織の指揮命令系統を含む組織力などにも左右される。

中国の軍事能力については夥《おびただ》しい量の分析や研究がある。例えば、令和2年版の防衛白書は次のとおり書いている。[*16] これだけでも、じっくり読めば、過去30年間に中国人民解放軍の能力が日本の防衛力に「追い付き、追い越していった」ことへの焦燥感と危機感が行間から滲《にじ》み出てくる。しかも、こうした認識は決して日本の専売特許でなく、今や米国やASEANを含む各国でも共通のものとなりつつある。

中国は過去30年以上にわたり、透明性を欠いたまま、継続的に高い水準で国防費を増加させ、核・ミサイル戦力や海上・航空戦力を中心に、軍事力の質・量を広範かつ急速に強化している。その際、軍全体の作戦遂行能力を向上させるため、また、全般的な能力において優勢にある敵の戦力発揮を効果的に阻害する非対称的な能力を獲得するため、情報優越を確実に獲得するための作戦遂行能力の強化も重視している。

具体的には、敵の通信ネットワークの混乱などを可能とするサイバー領域や、敵のレーダーなどを無効化して戦力発揮を妨げることなどを可能とする電磁波領域における能力を急速に発展させるとともに、敵の宇宙利用を制限することなどを可能とする能力の強化も継続するなど、新たな領域における優勢の確保を重視してきている。

このような能力の強化は、いわゆる「A2／AD」能力[*17]の強化や、より遠方での作戦遂行能力の構築につながるものである。さらに、軍改革などを通じた軍の近代化により、実戦的な統合作戦遂行能力の向上も重視している。

加えて、技術開発などの様々な分野において軍隊資源と民間資源の双方向での結合を目指す軍民融合政策[*18]を全面的に推進しつつ、軍事利用が可能な先端技術の開発・獲得にも積極的に取り組んでいる。中国が開発・獲得を目指す先端技術には、将来の戦闘様相を一変させる技術、いわゆるゲーム・チェンジャー技術も含まれる。

こうした「手段」としての「能力」に関する議論はいわゆる「軍事オタク」の独壇場だ。彼らの主たる関心は、例えば、国防費がどの程度の比率で毎年増加したか、核兵器を何発保有するか、精密誘導能力を持つミサイルを何千発持つか、空母を何隻就航させられるか、第五世代戦闘機の開発能力など、海上・航空戦力の質と量がどの程度であり、それが東シナ海や南シナ海においてどの程度実戦能力を持つかである。

それはそれで正しいのだが、本書の目的はこうした彼我の「戦力の差」につき最新情報の詳細を分析することではない。そもそも、人民解放軍全体の作戦遂行能力、特に、情報優越確保のための作戦遂行能力は、宇宙だけでなく、サイバー領域、電磁波領域においても、文字通り日進月歩だ。しかも、現時点では、いずれの兵器システムも単独で潜在的敵国の「手段」を一瞬にして無力化できる能力はなさそうである。

「能力」としての「機会」

「能力」の有無は、「手段」だけでなく、「機会」にも依存する。筆者のいう「機会」とは、兵器システムなどの「手段」を最も効果的に活用する地理的、政治的、人的環境に「恵まれること」だ。仮に、ある国家が最先端の軍事装備を多数有していても、戦争を指揮する軍人や文民政治家に「機会」を見極める能力がなければ、「脅威」はゼロとなり、高価な武器システムも宝の持ち腐れとなるからである。

一般に、ある国家がもたらす「脅威」のうち、「能力」としての「機会」を推し量る上で重要なことは、その国を取り巻く内外情勢の深刻度や、それを判断する軍の指導者、更に、それを統制する政治指導者の指導力である。具体的には、①対外的「機会」：外国からの侵略などの有無、②国内的「機会」：現政権の指導力低下や人心の離反などの有無、③政策判断・意思決定の「機会」：指導者の資質、などが考えられる。

では、今の中国にとって「機会」を左右する要因は何だろうか。それぞれ具体的に見ていこう。

①対外的「機会」

対外的に「能力」としての「機会」を考える場合、最も重要な要素の一つは戦場となる区域の「地理的状況」だ。特に、彼我の軍隊の間にある空間や距離は決定的な要素となり得る。例えば、米西海岸の米海軍の拠点サンディエゴと沖縄は直線距離で6543マイル（1万530キロ）、米インド太平洋軍司令部のあるハワイと沖縄は4826マイル（7766キロ）、それぞれ離れている。

仮に、米中の戦闘が東シナ海や南シナ海で始まるとすれば、その時点での米中両軍の主力部隊の位置と距離は死活的な意味を持ち得るだろう。この点につき日本の識者が「脅威について一般に『意思と能力』で判断するが、対象までの『距離』を重視すべきだ[*19]」と主張するのは基本的に正しい。本書では「距離」を「能力」の独立した要素とはせず、対外的「機会」の一部として整理したが、趣旨は同じである。

続いて、距離以外の要素を考えよう。諸外国から中国に対する侵略、挑発、死活的利益への圧力・侵害がある場合、それは「機会」にとってプラスにもマイナスにも作用し得る。仮に、そうした外国の動きが国際法に基づかない違法・不当なものであれば、それは非常事態となり、中国政府に対する国民の支持が増大し、人民解放軍の士気も高まるので、「能力」としての「機会」はより高まるだろう。

逆に、そうした外国の動きが中国の国際法上の違法行為などに対応するものである場合には、最終的に国民の一致団結した支持を得ることは難しく、「能力」としての「機会」は逆に低下する可能性もある。特に、こうした対外情勢が、次の②で述べる国内的「機会」が不足する中で生じる場合、「能力」としての「機会」は著しく失われるだろう。

② 国内的「機会」

国内の混乱も「能力」としての「機会」を減少させる要素だ。例えば、不正腐敗の蔓延《まんえん》や強権による弾圧など、何らかの国内政治的理由により中国共産党の「統治の正統性」が失われ、現政権の政治的権威や指導力が低下する場合などが考えられる。それ以外にも、経済情勢や国民生活の悪化などにより中国共産党の「正統性」が揺らぎ、「能力」としての「機会」が失われる可能性は多々あり得る。

仮に、台湾において「独立志向」の気運が再び高まったにもかかわらず、中国政府や人民解放軍の指導力不足で適切な軍事行動を躊躇することなどにより、中国共産党の権威が失墜する場合はどうか。時の政権が中国国民からの批判を逸らしたり、人心の離反により共産党政権の求心力・指導力が低下したりする事態を回避すべく、「能力」としての「手段」が不十分なまま、対外的軍事行動を選択する可能性はある。

そのような場合、カリスマのある指導者が中国人のナショナリズムに訴えて国論を統一することにより「能力」としての「機会」を高めることは不可能ではない。他方、そのような有能な指導者がいない場合には、国内の混乱が一層拡大し、逆に、「能力」としての「機会」を大幅に減少させることも十分あり得るだろう。

③ 政策判断・意思決定の「機会」

本章冒頭で触れたとおり、ミリー議長は2021年6月の米上院歳出委員会の公聴会で、中国による台湾の武力統一が近い将来に起きる可能性は低い、現時点で武力統一を実行に移す動機や理由もない、と語った。もし、これが正しいインテリジェンス（確度の高い情報分析）に基づくものであれば、中国の指導者が軽はずみな軍事作戦の実施を安易に決断する可能性は少ないだろう。

しかし、究極的に、「機会」は中国の軍事・政治の指導者たちのリーダーシップに依存する。「能力」としての「手段」では劣っていても、中国の政治家が、必要に応じて敵を果敢に攻める行動力、適切な時機が来るまで慎重に待つ忍耐力、国内情勢と軍事作戦に関する客観的な情勢判断能力など、政治・軍事指導者としての個人的資質が優れていれば、

「能力」としての「機会」は大幅に向上するだろう。

個人的回想――非常に低かった中国における軍人の地位

「好鉄不当釘、好人不当兵（良い鉄は釘にならない。良い人は兵にならない）」という格言がある。中華人民共和国建国前まで、中国における軍人の地位は日本では考えられないほど低かった。2000年秋から4年弱、北京の日本大使館で勤務した経験があるが、当時中国の友人から教えてもらったのがこの格言だ。戦前の日本や現在の米国で軍人が尊敬されたのとは大違いで、正直なところ、当時は半信半疑だった。

しかし、中国の専門家は口を揃《そろ》える。例えば、「兵隊とはゴロツキ・野良犬の類であり、戦場での勝利の雄叫びは掠奪開始の号砲であった。[*20]」「軍人は人間として最下等なクラスの連中がなる最低の職業で、ごろつき野盗の類と一緒。黒澤明の映画『七人の侍』に出てくる村を襲う落ち武者の集団のイメージが、中国における軍人のイメージなのである。[*21]」といった具合だ。

逆に言えば、中国での軍人の評判があまりに悪かったからこそ、黎明《れいめい》期の人民解放軍が人々に信頼され、革命が成就したのかもしれない。しかし、あれから70余年、革命的素人武装集団に過ぎなかった人民解放軍は職業軍人を中核とするプロフェッショナルな軍隊に成長した。恐らく装備の質は格段に向上しただろうが、果たして軍人の質も同様に向上しているのだろうか。個人的には疑問がある。

理由は2つある。第一に、人民解放軍には政治的中立性の伝統が欠如していることだ。主要先進民主主義国の軍隊は政治的に不偏不党であり、特定の政治集団ではなく、その国の憲法と主権者である国民に対し忠誠を誓う。しかし、人民解放軍は中国共産党への絶対的忠誠を誓う党の軍隊である以上、欧米民主主義的な意味での「政治的中立」といった規律を求めること自体に無理がある。

第二の理由はより深刻だ。人民解放軍の組織は巨大であり、恐らく軍需品の調達だけでも莫大な利権が生じているからだ。筆者の個人的経験では、そのような利権を前にして、不正・腐敗を働く解放軍幹部がいないとはおよそ想像できない。一度その種の腐敗が始まれば、その誘惑に抵抗できる軍人が一体何人いるだろう。「好鉄不当釘（良い鉄は釘にならない）」という格言は恐らく今も妥当するのではないか。

抑止の教訓その3：「能力」を如何に抑止するか

中国がもたらす「脅威」のうちの「能力」に対し、我々は如何にこれを「抑止」すべきだろうか。最後に分析すべきがこの点である。更に考えるべきは、米中の衝突で最も大きな影響を受ける日本が如何に対応すべきかだろう。中国の「能力」を適切に抑止し、中国共産党の指導部に対米開戦を決意させない方法としては、次のいくつかが考えられる。

「能力」としての「手段」

最近米国防総省が部内で実施する対中軍事シミュレーションで、米軍は人民解放軍に勝てなくなっていると聞く。理由は簡単だ。過去20〜30年間、米軍が主として中東の陸上において、高価で、代替不能で、有人で、巨大で、移動困難な、数量の少ない、空母や大空軍基地などの「プラットフォーム」型兵器システムに依存して戦ってきたのに対し、中国側は全く異なる戦法を編み出したからである。

米軍が中東の陸上で戦っている間、人民解放軍は西太平洋において、廉価で、無人で、小型で、精密誘導が可能な、使い捨ての、移動が敏捷《びんしょう》な、無数の兵器群を実戦配備し、中国本土への米国の接近を阻止する能力を飛躍的に増強した。こうした米軍の「弱点を突く」中国の戦術・戦法は極めて効果的であるため、米国が実施するシミュレーションでも米軍は勝てなくなっているのだ。

残念ながら、共産党の軍隊である人民解放軍の「脅威」の主要要素である「能力」については、少なくともその「手段」に関する限り、これを完全に「抑止」することは難しい。人民解放軍の兵器システムは過去30年間で飛躍的に向上しているだけでなく、米軍を中心とする軍事力の弱点を突く形で整備されている。米国を除けば、インド太平洋地域で、中国の軍事能力に単独で対峙《たいじ》できる国はないだろう。

要するに、人民解放軍の軍事能力を考えれば、日本の自衛隊は勿論のこと、米国の海軍、空軍、海兵隊をもってしても、中国の台湾侵攻や尖閣上陸作戦などを、圧倒的軍事力で「抑止」することは、少なくとも今後10年は難しいと覚悟した方がよい、ということだ。日本も、こうした不愉快な「現実」を直視するとともに、早急に対応策を講じる必要があることは言うまでもない。

但し、人民解放軍の「手段」や「機会」を「抑止」することが全く不可能という訳ではない。台湾をめぐる「米中戦争」に絞って言えば、台湾軍や米軍が台湾に侵攻する人民解放軍の全ての「手段」につき、同等またはそれ以上の「対抗手段」を保持する必要はない。一般に、「攻撃」には「防御」の三倍以上の兵力が必要といわれるからだ。更に、もし中国側が、部分的にせよ、政治的または軍事的に「耐え難い」損失を被る可能性があれば、その種の攻撃を「機会」の面で「抑止」することは十分可能である。

「能力」としての「機会」

対中「抑止」がより良く機能する可能性があるとすれば、それは「能力」のうちの「手段」よりも「機会」に対する「抑止」であろう。されば、先ほど分析した「機会」のうち、①対外的、②国内的、③政策判断的側面について、如何なる対中「抑止」が可能かを考えよう。「機会」に対する抑止が効果的であれば、仮に「手段」の面で「抑止」が不完全であっても、総合的な「抑止」効果は十分期待できるからだ。

①対外的「機会」

「米中戦争」の「抑止」という観点から「能力」としての「機会」を見れば、米国本土と実際の戦闘が予想される中国本土近海との物理的距離は決定的要素である。こうした状況の下で効果的な「抑止」を維持するためには、西太平洋における駐留米軍を可能な限り、中国本土に近く、できれば第一列島線[*22]内に維持していく必要があろう。

それには日米だけでなく、インド太平洋諸国・地域、特に豪州、韓国、台湾、フィリピン、ベトナムなどとの連携も不可欠となる。また、英国、フランスを含む同地域以外の諸国が西太平洋地域に対する関心を深め、自国の艦隊や航空機を頻繁に東シナ海、南シナ海を含む西太平洋地域に派遣するなど、目に見える形で関係国のプレゼンスを維持していくことも重要である。

更に、「能力」としての「機会」に対する「抑止」という観点では、国際社会での対中情報戦、特に中国が推進する「三戦」、すなわち輿論《よろん》戦、心理戦、法律戦を逆手に取った非軍事的外交活動も効果的である。ウイグル族への弾圧問題など「中国の行動は国際法上の違法行為」といった批判を国際社会の中で効果的に繰り返すことは、中国の「能力」としての「機会」を中長期的に減殺するものとなろう。

②国内的「機会」

現政権の指導力低下や人心の離反など、中国国内の政治的混乱は、「能力」としての「機会」を減少させる。中国の国民が、中国共産党の不正腐敗や強権弾圧に関し、正しい情報を入手し、自主的に判断して、自由に政府批判ができるようになれば、中国共産党の

「統治の正統性」は低下し、結果的に「能力」としての「機会」を「抑止」することが一層容易になるだろう。

他方、共産党の政治的権威が急激かつ著しく失われることになれば、逆に、共産党政権がその求心力低下を回避すべく、「能力」としての「手段」が不十分なまま、対外的軍事行動を選択せざるを得なくなる可能性がある点は要注意だ。中国漢代の政論書『塩鉄論』で既に指摘されているとおり、中国を「窮《きゅうそ》鼠猫を嚙《か》む」状態に追い詰めることは、抑止論として逆効果となる可能性があるからである。

③政策判断・意思決定の「機会」

中国の「機会」を左右する最大の要素は、中国の軍事・政治指導者たちのリーダーシップの有無である。より具体的に言えば、現在の習近平共産党総書記の個人的資質もさることながら、習総書記を囲むプロの政治・軍事指導者やアドバイザーの資質と判断力がより重要な要素となるだろう。かかる観点から見れば、中国共産党政権の現状は我々にとって必ずしも好ましいものではない。

気になることが2つある。第一は、最近人民解放軍の一部の軍人や党中央の要人に近い一部の学者の中に、近年の中国の軍事力の強大化が念頭にあるのか、より強硬な対外政策を提唱する向きが増えていることだ。戦前の日本でも見られたことだが、この種の「米国の国力を過小評価」し、「自国の影響力を過大評価」して、客観的な判断を誤る可能性のある強硬派集団が発言力を強めているとすれば懸念材料である。

第二は、今中国国内で最新の国際情勢を最も正確に理解しているはずの中国外交部の外交官たちが、人気映画（『戦狼』）を地で行く「戦狼外交」を実践していることだ。この種の外交が効果的でないことは、戦前の日本外交の体たらくを見れば一目瞭然である。権力者に忖度《そんたく》する外交官が悪いのか、それとも耳の痛い話を聞かない指導者が悪いのか、恐らく理由は両方であろう。

*13 https://www.appropriations.senate.gov/hearings/a-review-of-the-fy-2022-department-of-defense-budget-request

*14 https://www.jiji.com/jc/article?k=2021061800333&g=int

*15 内外の多くの軍事専門家はDavid Singer, "Threat-perception and the armament-tension dilemma," The Journal of Conflict Resolution, March 1958を引用している。

*16 https://www.mod.go.jp/j/publication/wp/wp2020/html/n12202000.html

＊17　米国によって示された概念で、アクセス（接近）阻止（A2：Anti-Access）能力とは、主に長距離能力により、敵対者がある作戦領域に入ることを阻止するための能力を指す。また、エリア（領域）拒否（AD：Area-Denial）能力とは、より短射程の能力により、作戦領域内での敵対者の行動の自由を制限するための能力を指す。（防衛白書令和2年版より）

＊18　原文のママ

＊19　渡部悦和『米中戦争 そのとき日本は』講談社現代新書、2016年

＊20　樋泉克夫「明治人の旅から『武漢』の歴史をたどる」2020年2月9日
https://wedge.ismedia.jp/articles/-/18648?page=2

＊21　矢板明夫『中国人民解放軍2050年の野望』（ワニブックスPLUS新書、2019年）に対するアマゾンのあるレビュー

＊22　九州から沖縄、台湾の東方、フィリピン西方を抜け、南シナ海の大半を囲む線内の海域をいう。

第四章
「能力」以上に重要な「意図」

第三章では、「脅威」が「能力」と「意図」の乗数であり、更に「能力」は「手段」と「機会」の乗数だと説明した。第四章では、潜在的敵対国からの「脅威」のうち「意図」の要素について詳しく分析したい。戦争は「能力」で劣っていても、戦争に訴える「意図」が強ければ、始まってしまう。その典型例が真珠湾攻撃を行った戦前の日本だ。それほど「意図」に関する分析は「能力」以上に重要なのである。

「はじめに」で述べたとおり、筆者は最近巷に溢れ始めた「米中戦争」物の著作の多くにかなり疑問を持っている。それらの多くは「脅威」のうちの「能力」、特に軍事的「能力」に関する解説が中心であり、「意図」に関する分析は、「能力」にかかわる分析と比べ、必ずしも十分ではないと思うからだ。「能力」があっても戦争は自動的には始まらない。「意図」がなければ、簡単には開戦に到らないはずである。

「米中戦争」本は、なぜ近い将来、中国が米国と戦うことも辞さず、台湾侵攻という軍事的な賭けに打って出ると予測するのだろうか。「全ての可能性を予測するのが安全保障である」ことは論を俟《ま》たない。しかし、「意図」の内容によっては戦い方も大きく変わるだろう。そこを考えずに、どうやって戦争を「抑止」するのか、更に、その「抑止」に失敗した時に、如何にして戦争に勝利するのか。疑問は尽きない。

このように、国家安全保障について責任ある議論をするなら、「意図」についての詳細な分析が不可欠と思うのだが、なぜか今の日本でそうした議論はあまり見られない。仮に「意図」に関する分析があっても、その多くは抽象的だ。一部の識者は、台湾が中国にとって死活的な「核心的利益」だからだと理由を説明するが、それだけでは過去70年間、中国が台湾侵攻を試みなかった背景を十分説明できない。

「核心的利益」論だけでなく、2027年が「人民解放軍建軍100周年」だからとか、習近平総書記が「2050年までに中国を社会主義現代化強国にする」と述べたから、などといった説明も散見される。しかし、これらの仮説は、最近の中国の軍事的「能力」の向上により「中台統一」が物理的に可能となったことは説明できても、中国の指導者が実際に「米国との戦争も辞さず」と決意する真の理由、すなわち「脅威」のうちの「意図」の強さについて説得力ある説明ができていないように思う。

勿論、「意図」においてまず着目すべきは、遂行すべき「目的」の大きさ、困難さだ。しかし、それにも増して重要な要素は、その「目的」を遂行しなければならない外交的、内政的「動機」の強さではなかろうか。そうした「動機」が強固であればあるほど、「脅威」を与える「意図」はより硬直的となり、全体として柔軟な判断が難しくなるので、それを抑止することも困難となるからだ。

意図＝目的×動機

潜在的敵対国の「意図」の要素の一つは「目的」である。「目的」はその敵対国の国家戦略とその指導者の判断に依存する。されば、中国の「目的」を推し量る上では、①国家戦略は何か、②その優先順位は何か、更には、③その判断に個人的野心などの側面があるかといった諸要素を総合的に分析・判断する必要があるだろう。

他方、「脅威」を構成する「意図」は必ずしも「目的」だけではない。仮に敵対国の「目的」が明白であっても、それだけで軍事力に訴えるとは限らないからだ。内政上のリスクを取ってでも武力行使という強硬手段を選択する以上、指導者にはそうした手法をとらざるを得ない強い「動機」があるはずである。その意味で「動機」とは、政治・軍事指導者の内外諸情勢判断に依存する。

以上を前提に、「意図」としての「目的」と「動機」について考えてみよう。

①国家戦略

一般に国家戦略とは、「国家の安全を保障し、国家政策を遂行するため、平・戦時を通じて最も効率的な方法で、人的・物的資源を総合的に準備、計画、運用する方策」[*23]という意味で理解されている。ここでいう「国家の安全」とは、防衛的な意味では「国家の防衛、生き残り、国家の独立、独自文化の維持」などが、また、精神的な意味では「民族の栄光の復興」「旧支配地域の奪還」などが該当する。

これら以外にも、中立的な意味では、「国家戦略」に「国家の維持」や「現状の打開」などの概念を含めることも可能だろう。いずれにせよ、ある国家の政治指導者が、国家の政治的・軍事的・経済的・心理的諸要素を糾合し、他国の犠牲において「国家戦略」の「目的」を物理的に達成すると決断すれば、それは対外的に当該国からの「脅威」と認識され、その国家目的は「脅威」を構成する「意図」としての「目的」となる。

②国家戦略の優先順位

国家戦略における諸目的の優先順位は、その目的達成の必要性、急迫性に依存する。仮に、ある国家が急迫不正の侵略を受けていれば、「国家の防衛、生き残り、国家の独立、独自文化の維持」などのための軍事行動は正当化され得る。その場合は当該国家が他国に

「脅威」を与えるというよりも、外国からの「脅威」に対して国連憲章が認める対応という文脈で理解されるべきである。

「国家戦略」の目的達成が「脅威」と認識されるのは、そのための行動が国際的に見て合法性や急迫性がない場合である。例えば、現状において当該国家に差し迫った危機が存在しないにもかかわらず、その国家が、「民族の栄光の復興」「旧支配地域の奪還」などを目的として軍事行動を含む行動をとるとすれば、それは「脅威」を構成する「意図」としての「目的」に該当する。

問題は、そのような「合法性」「急迫性」がないにもかかわらず、すなわち客観的に見て、現状では当該国家に差し迫った危機が存在しないにもかかわらず、その国の指導者が国家戦略の「目的」達成のため軍事行動を含む行動をとる場合だ。その場合、当該国家の行為は「確信犯」的行動となり、その「抑止」は極めて難しい。

これら以外にも、中立的な意味では、「国家戦略」の目的として「国家の維持」や「現状の打開」も含まれ得る。例えば、現状において当該国家に差し迫った危機が存在しないにもかかわらず、その政治指導者が「このままでは当該国家の国益が中長期的に害される」可能性が高いので、「現状を打開」するために軍事行動を含む行動をとる場合がこれに当たる。

③政治・軍事指導者の個人的野心

上記の「国家戦略」の諸目的に関する優先順位は、当該国家の政治・軍事指導者の資質、特に個人的な野心の有無に依存する。詳細は次の「意図」としての「動機」の部分で詳述するが、ここでは単に、「国家戦略」の優先順位決定には国家指導者の個人的資質が重要な役割を果たし得る、とだけ指摘しておく。この点は、当該国家がその指導者を頂点とする独裁制国家である場合、一層顕著となるだろう。

「意図」としての「動機」

「脅威」を構成する「意図」は必ずしも「目的」だけではない。「目的」が明白であっても、それだけで軍事力に訴えるとは限らないからだ。指導者が、内政上のリスクを取っても、武力行使という強硬手段を選択する以上、それ以外では目的を達成できないという強い「動機」付けがあるはずだ。その意味で「動機」は、ある国の内外諸情勢の急迫性を同国の政治・軍事指導者が如何に判断するかに依存する。

一般に、潜在的敵対国の「脅威」のうち、「意図」としての「動機」を推し量る上では次の3要素が重要となる。また、実際の「動機」の程度は、当該敵対国の最高意思決定権者が、如何にこれらの諸要素を総合的に判断するかに依存する。ここからは「動機」を左右する諸要素を、対外的、国内的、個人的側面に注目して分析していこう。

① 対外的「動機」

「意図」としての「目的」を議論した際に述べたとおり、ある国家が武力行動を含む行動をとる典型例は、「外国からの侵略、挑発、死活的利益への圧力・侵害」なるものに対処することだ。しかし、仮に当該国家の政策決定者の間にそうした「目的」につきコンセンサスがあっても、それだけで彼らが常にリスクの大きい軍事行動に訴えるとは限らない。そこには目的に見合う切実な「動機」が必要だからだ。

具体的には、軍事行動をとる相手国との関係が重要である。仮に、その相手国とは「交渉によって問題解決が可能」と判断されれば、当該国が武力行動を含む物理的な行動をとる可能性は少ないだろう。問題は、当該国が「交渉」や「話し合い」では問題解決が不可能と判断する場合であり、そうなれば「脅威」としての「動機」は著しく増大することになる。

②国内的「動機」

典型例としては、ある国で政権ないし為政者の「統治の正統性」が低下し始め、その政治指導力が失墜しかねない事態が想定される。だが、その場合でも、当該国家の為政者が自らの「統治の正統性」回復のために必ず対外的武力攻撃を含む行動をとるとは限らない。「統治の正統性」は為政者と国民の関係に依存するので、当該政権が国民の不満を和らげる国内的措置を十分とれば、「動機」が高まることはない。

問題はそのような国内政治上の措置が不十分である場合だ。その種の国内的措置には、政治的自由を含む基本的人権の尊重や国家による独裁的統制措置の緩和などが含まれる。しかし、政権が当該国家の政治システムに照らし、その種の改革を実施不可能なものと判断すれば、国内的にとり得る措置には自《おの》ずから限界があるだろう。

当該政権が政治指導部の権威失墜から国民の批判を逸らすため、もしくは、国内における人心の離反などによる政治的求心力の低下を回避するため、ナショナリズムに訴えて国論を統一すべく、軍事行動を含む対外的行動という賭けに出る可能性は十分ある。そうなれば、国内的要因による当該国の「動機」は一層高まることになる。

③判断・意思決定上の「動機」

「動機」を左右する最後の要素が当該国の政治・軍事指導者の個人的資質である。為政者が誤算、情報不足、指揮命令系統の混乱などの理由で客観的情勢判断を誤る場合、「目的」の多寡に関わらず、「動機」の要素が相対的に大きくなり、当該敵対国の「脅威」としての「意図」が全体として高まる可能性を過小評価すべきではない。

この傾向は、特に、国民の民族主義的感情を煽《あお》って「統治の正統性」を維持してきた政権に顕著である。ある政権が国民のナショナリズムを鼓舞し過ぎれば、いずれはそれを制御できなくなるからだ。これは人類の歴史上何度も繰り返された悲劇であり、一国の政治指導者にとって、国民の行き過ぎた民族主義的感情を煽ることは簡単でも、それを統制することは困難と知るべきである。

個人的回想――エスピオナージ（スパイ）を警戒していた

北京《ペキン》在勤時代、筆者は広報文化担当だったので、政治や経済以外の分野で多くの中国人と接する機会を得られ幸運だったが、唯一の例外が人民解放軍や諜報機関の関係者だった。どこの国でも、軍や諜報機関の中枢にいる人物が外国人、特に潜在的敵対国の外交官と親しく付き合うことは稀《まれ》であり、仮にそうなる場合には、「逆エスピオナージ（スパイ）」を警戒すべきだと思って仕事をしていた。

という訳で、筆者には中国軍や諜報機関に知り合いはあまりいない。少なくとも筆者が最も重視する現場の「皮膚感覚」はないので、この種の世界については知識と伝聞が殆《ほとん》どである。ところが、北京在勤時代に多くの中国人からは「中国ではシビリアンコントロール（文民統制）が完全に機能している」という声を聞いた。中央軍事委員会の主席は共産党の文民幹部であり、その文民による軍の統制は絶対だからだ、という。

本当にそうだろうか。筆者には正直よく分からない。第三章でも触れたとおり、中国では「好鉄不当釘、好人不当兵（良い鉄は釘にならない。良い人は兵にならない）」といわれるほど軍人の地位が伝統的に低かった。そのような人間集団を文民の政治エリートが適切に制御できるのだろうか。こうした疑問への答えは未だ見つかっていないが、昔ある中国人から一つのヒントをもらったことを思い出した。

同人曰《いわ》く、「今の共産党政権は『シビリアン』などと主張する向きもあるが、元々中国での共産主義革命は人民解放軍の『銃口から生まれた』ものだ。そもそも、建国直後の共産党幹部は全員が『軍人』だったことを忘れてはならない。」なるほど、言われてみれば確かにそのとおりだ。つまり、そもそも共産党には「軍に対するシビリアンコントロール」という発想などないかもしれないのである。

抑止の教訓その４：「意図」を如何に抑止するか

潜在的敵対国がもたらす「脅威」のうちの「意図」を、我々は如何に抑止すべきだろうか。ある敵対国の「意図」、特に「目的」と「動機」を適切に「抑止」し、当該国に戦争を決意させない方法としては、次のいくつかが考えられる。なお、ここでは一般論として「意図」の「抑止」方法を分析することとし、中国の「意図」については、次章で更に詳しく分析することとしたい。

「意図」としての「目的」の抑止

既に述べたとおり、国家戦略の最終目的である「国家の安全」とは、「国家の防衛、生き残り、国家の独立、独自文化の維持」から「民族の栄光の復興」「旧支配地域の奪還」

だけでなく、より一般的な「国家の維持」や「現状の打開」をも含む概念である。されば、かかる「目的」を抑止する最善の方法は、そうした「目的」が政治的・軍事的・経済的・心理的に「割に合わない」ことを相手国に自覚させることだ。

その場合最も重要なことは、当該敵性国家が抱く「目的」達成の急迫性、逼迫性《ひっぱく》に着目することである。仮に当該国家の政治・軍事指導層だけでなく、一般国民までが、「国家の防衛、生き残り、国家の独立、独自文化の維持」のためには、直ちに軍事行動を含む諸行動もやむを得ないと認識すれば、当該国家の「意図」としての「目的」を「抑止」することは難しくなる。

その場合には、敵対国の「目的」達成の急迫性・逼迫性を減少させるべく、外交交渉や国際社会での議論など非軍事的手段による問題解決の努力が必要となる。他方、諸外国がその種の「抑止」に依存し過ぎれば、敵対国はそうした柔軟姿勢を「宥和政策」と誤認し、逆に「抑止」が機能しにくくなる恐れもある。その典型例が、第二次大戦前のヒトラーに対する（当時のイギリスの首相）チェンバレンの宥和政策であった。

次の問題は、敵対国家にそのような急迫性・逼迫性がないにもかかわらず、当該国の政治・軍事指導者が国家戦略の「目的」達成のため軍事行動を含む諸行動を意図的にとる可能性だ。その場合、当該国家の行為は「確信犯」であり、通常の方法でこれを「抑止」することは難しい。そうなれば、組織としての政府ではなく、指導者個人の「動機」を直接変えさせるようなピンポイントの「抑止」が必要となる。

「意図」としての「動機」の抑止

「動機」とは、敵対国の政治・軍事指導者が、内政上のリスクを取っても、武力行使という強硬手段を選択する以外に国家の利益を維持できないと確信することだ。その意味で「動機」は、「目的」以上に、当該国の政治・軍事指導者個人または少人数集団の個性に依存する度合いが高い。されば、敵対国の「脅威」を抑止する最後の手段は、為政者個人レベルの「動機」を直接かつ効果的に挫《くじ》くことであろう。

しかし、対外的な緊張が高まる中、敵対国の為政者個人に「交渉による問題解決は可能」と判断させるのは難しい。一般論としては、「特使の派遣」や有力第三国による「仲介の試み」など、首脳レベルの外交努力が考えられるだろうが、それも決して万能ではない。更に、万一こうした外交努力が失敗する場合には、双方の対立を後戻りのできない決定的なものとする恐れもある。

こうした対外的「動機」に比べれば、国内的「動機」を「抑止」することは、功罪相半ばする。「抑止」努力によって敵対国の政権の「統治の正統性」が低下すれば、それが政権崩壊の序曲になるという点でメリットは確かにある。他方、そうした状況下で下手に「抑止」努力を行えば、結果的に当該為政者の「統治の正統性」回復努力を側面支援するというデメリットにもなりかねない。

更に、「統治の正統性」を失い始めた当該政権に対する「抑止」努力を外部から行う場合、逆に、敵対国の政治・軍事指導者を勢い付ける恐れもある。内政上の権威失墜による人心の離反を回避するための、愛国主義を鼓舞するような不必要な武力行使を正当化することにもなりかねないからだ。この種の「動機」を「抑止」するには、敵対国の内政状況と政治・軍事指導者の個人的資質を正確に理解する必要がある。

＊23　平凡社世界大百科事典 第2版

第五章

中国の「目的」「動機」を左右する内外情勢

第五章は本書の核心である。最近人々は台湾をめぐり「米中戦争」が勃発する可能性を漠然と考え始めたようだが、中国が台湾に対し武力行使を伴う侵攻作戦に実際に踏み切るか否かは未知数である。そもそも、如何なる状況なら中国は台湾侵攻を決断するのか、筆者には疑問が残る。万一失敗すれば、習近平政権だけでなく、中国共産党そのものの権威失墜に直結しかねない大失態となるからである。

さはさりながら、筆者だって、もし習近平政権の下で「米中戦争」が起きるとすれば、台湾がその火種となる蓋然性が最も高いとは考えている。但し、それは中国の軍事的な台湾侵攻「能力」が向上したからとか、台湾の統一が中国共産党の最大の「任務」だから、などといった単純な理由では少なくともないだろう。そこで筆者が注目するのは、中国の政治・軍事指導者が、勢いで判断ミスを犯す可能性である。

歴史は繰り返さないが、往々にして韻を踏む。今の世界では、1930年代と同様、国際情勢の不確実性が非常に高まっている。各国の政治家が「勢いと偶然と判断ミス」に基づく誤った政治判断を繰り返し、結果的にこれまで当たり前と考えてきた政治、軍事、経済的常識が覆っていく時代に再び戻りつつあることを筆者は長年懸念してきた。今の中国がこの例外となる理由はあまり思い当たらない。

だからこそ、本書では第三、四章で、潜在的敵対国の「脅威」が「能力」と「意図」からなること、軍事行動に訴えても行動する「意図」については国家の「目的」と指導者の「動機」の両面から分析する必要があると述べてきたのだ。中国指導者の政策判断のロジックは何か。そこには「勢いと偶然と判断ミス」に基づく政治判断の誤りが生じる可能性はないのか。以上を前提に論を進めよう。

共産党100周年演説に見る中国の現状認識

中国共産党の政治・軍事指導者にとって今の中国の対外政策の「目的」は明らかだ。習近平総書記は中国共産党創立100年記念式典で演説[*24]し、対外関係を含む中国の国家目標について次のとおり述べている。現時点では、中華人民共和国の対外政策の「目的」について述べた最も権威ある公式見解と思われるので、若干長くなるが該当部分をそのまま引用する。

中国共産党と中国人民は勇敢で粘り強い奮闘により、世界に向かって、中国人民は立ち上がった、中華民族が分割され、侮辱される時代は過去のものとなったと厳かに宣言した。

中国人民は古い世界を上手に壊すだけでなく、新しい世界を上手に造る、社会主義だけが中国を救え、中国の特色ある社会主義だけが中国を発展させられる、と厳かに宣言した。

中華民族は5000年余りの歴史の変遷の中で形成された燦爛《さんらん》たる文明を有し、中国共産党は100年にわたる奮闘・実践と70年余りの執政・国家振興の経験を有しており、われわれは人類文明のあらゆる有益な成果を積極的に学習・参照し、あらゆる有益な提案と善意の批判を歓迎するが、「教師面」をした居丈高なお説教は断じて受け入れない。中国共産党と中国人民は自らが選択した道で胸を張って突き進んでいき、中国の発展と進歩の運命をしっかりと自らの手の中につかむ。

歴史を鑑《かがみ》に未来を切り開くときは、必ず国防と軍隊の近代化を急がなければならない。強い国には強い軍がなければならず、軍が強くてはじめて国家は安泰となる。党が銃を指揮することを堅持し、自らの人民の軍隊を建設することは党が血と火の闘争の中で見いだした揺るぎない真理である。人民の軍隊は党と人民のために不滅の功績を立てており、赤い江山〈政権〉と民族の尊厳を守るための強固な柱石であり、地域と世界の平和を守る強大な力でもある。

歴史を鑑に未来を切り開くときは、必ずや人類運命共同体の構築を絶えず後押ししなければならない。平和・和睦・融和は中華民族が5000年あまりにわたって追求し伝承してきた理念であり、中華民族の血の中には他者を侵略し、覇を唱えようとする遺伝子はない。中国共産党は人類の前途と運命に関心を寄せ、世界のあらゆる進歩勢力と手を携えて前進しており、中国は常に世界平和の建設者、世界発展の貢献者、国際秩序の擁護者である。

新たな征途で、われわれは必ず平和・発展・協力・ウィンウィンの旗を高く掲げ、独立自主の平和外交政策をとり、平和的発展の道を堅持し、新しいタイプの国際関係づくりを推進し、人類運命共同体の構築を後押しし、「一帯一路」〈シルクロード経済べルトと21世紀海上シルクロード〉共同建設の質の高い発展を推進し、中国の新たな発展で世界に新しいチャンスを与えなければならない。

中国人民は正義を尊び、暴圧を恐れない人民であり、中華民族は強い民族的誇りと自信を持つ民族だ。中国人民はこれまでに一度も他国の人民をいじめ、抑圧し、隷属させたことはなく、これは過去にも、現在にもなく、また今後もありえない。同時に、中国人民はいかなる外部勢力がわれわれをいじめ、抑圧し、隷属させることも決して許さない。そのような妄想を抱く者はだれであれ、必ずや14億余の中国人民が血と肉で築いた鋼の長城に頭をぶつけ、血を流すだろう。

台湾問題を解決し、祖国の完全な統一を実現することは、中国共産党の終始変わらぬ歴史的任務であり、すべての中華の子女の共通の願いでもある。一つの中国の原則と「92共通認識」を堅持し、祖国の平和統一のプロセスを推し進めなければならない。〈台湾海峡〉両岸の同胞を含むすべての中華の子女は、心を同じくして共に力を合わせ、団結して前を向き、あらゆる「台湾独立」のたくらみを断固として粉砕し、民族復興の素晴らしい未来を共に築かなければならない。いかなる者も、国家の主権と領土保全を守る中国人民の強固な決意、断固たる意志、強大な能力を過小評価してはならない。

ざっと、こんな具合である。要するに、「中国を救えるのは共産党だけであり、共産党の強固な指導は堅持する。教師面した偉そうな（外国の）説教は拒否する。国防と軍隊の近代化を加速し、人類運命共同体の構築を推進するが、他人を侵略し、覇権を追求することはない。中国人民は暴力を恐れず、外部勢力によるいかなるいじめ、圧力、奴隷のような酷使も許さない。台湾問題解決は共産党の歴史的任務であり、中国人民の強い決心、意志、強大な能力を見くびるな。」これに尽きるだろう。

中国の「目的」と「動機」を左右する内外情勢

更に分析を進めよう。中国が台湾などをめぐり、米中戦争を覚悟で軍事行動を起こすとすれば、その「意図」すなわち「目的」と「動機」は一体何だろうか。それらの判断を左右する中国の内外諸情勢はどのようなものだろうか。ここからは、現代中国の内政・外交を取り巻く諸状況を10の切り口から分析し、それぞれについて、中国の「目的」「動機」を推測してみたい。

①中国の現体制はどの程度国際的に孤立しているか

習近平総書記の上記演説は自信に満ちているようにも聞こえるが、実際には、中国に対する懸念や反発が、アジア・大洋州地域だけでなく、欧米、アフリカ、中南米などでも近年急速に高まりつつある。客観的に見れば、米国だけでなく、英仏などを含む世界の多くの国々で中国との関係を見直す動きが顕在化しており、中国はこれまでの躍進とは裏腹に、初めて孤立を深め始めたともいえるだろう。

皮肉なことに、現在の中国指導部には「孤立している」という意識がなく、むしろ自信過剰にすら見える。通常であれば、「孤立」を深めれば深めるほど対外政策はより慎重になって然《しか》るべきだが、現実には「強硬姿勢」が「更なる強硬姿勢」を生んでいる。この種の優越意識が一旦官民に広がると、「現実を直視すべし」とする声は減少していく。この矛盾の解消が難しいことは戦前の日本の例が示すとおりだ。

なお、「動機」の「抑止」という観点からは、「自信過剰」期よりも、国際的圧力が一層強まり中国が「孤立感」「急迫感」を深める時期の方が、むしろ危険かもしれない。「孤立」は長引けば長引くほど中国にとって不利となる。現在ではないにせよ、将来には中国指導部が「余力のある今の内に行動を起こした方が有利」といった「ジリ貧」感や誤算に基づく「動機」を持つ可能性もあるからだ。

② 中国に対しどの程度の（追加）経済制裁が発動されるか

トランプ政権が中国に課した高関税はバイデン政権下でも今のところ維持されている。バイデン政権は、トランプ政権との違いをアピールしながらも、基本的には中国に対して厳しい貿易政策を踏襲するだけでなく、人権や民主主義との関連でウイグルや香港問題など政治面でも中国に対する圧力を高めている。こうした状況は今後も長期化する可能性が高いだろう。

他方、この種の経済的、政治的圧力による対中「抑止」は必ずしも効果的ではない。中国製品に対する追加関税により一時的に中国の対米輸出は減少するだろうが、関税を支払うのは結局、米国の消費者であり、中国が受けるダメージは限定的だからである。されば、こうした政策だけで中国の「脅威」、特に「動機」を「抑止」することは難しいだろう。

③中国の国内経済成長率はどの程度か、今後の見通しはどうか

中国政治・軍事指導者の「急迫感」「切迫感」を測る上で鍵となるのが中国の経済情勢である。改革開放政策を導入して以降、中国経済は基本的に右肩上がりで推移したが、今後もこうした傾向が続く保証はないだろう。人口の高齢化、経済成長率のある程度の鈍化はもはや回避しようがなく、中国の特色ある「中所得国の罠」は既に始まっているといえるだろう。

中国は、いわゆる「リーマンショック」を巨額の財政支出で乗り切り、新型コロナ禍はお得意の強力な社会統制で何とか封じ込めた。だが、これから中国経済が「中所得国の罠」に嵌《はま》るとすれば、一昔前のGDP年成長率10％以上は勿論のこと、最近の6％前後という数字の達成すら容易ではなかろう。中国指導部が、経済成長鈍化による社会的混乱をどの程度「切迫感」をもって受け止めるかが鍵となる。

④中国現政権の統治の正統性は低下するか、政権党内政敵の批判は顕在化するか、民衆抗議運動は激化するか

経済的苦境が長期間続けば、民衆は必ず否定的に反応する。それが一部少数派勢力による抗議運動に止《とど》まるか、一般大衆による広範な反政府運動へと発展するか、そうした状況を受けて党内の反主流政治勢力の党中央に対する批判が顕在化するか、最終的に、党の指導や統治の正統性が傷付く事態に発展するのか、等が注目される。これら懸念材料が現実のものとなれば、中国の「意図」の「抑止」はより困難となる。

続いて考慮すべきは台湾の内政・外交を取り巻く諸情勢だろう。例えば、

⑤ 台湾の政権与党は民進党か、国民党か

台湾の時の政権与党が如何なる外交政策を志向するかは、中国による台湾侵攻の成否を左右する重要な要素である。現与党である民進党は台湾独立主義の流れを汲《く》む「タイワン・ナショナリズム」の政党であるのに対し、国民党は日本に亡命中の孫文が1914年に東京で結成した中華革命党を1919年に改組する形で結成された、大陸の中華民国の流れを汲む政党であり、両者が融合する可能性は限りなく低いと思われる。

⑥政権与党の対中姿勢、またそれに対する有権者の支持はどの程度か

中国の台湾侵攻の際、国民・民進両党の対応がかなり異なることは言うまでもないが、経験則では、国民党の方が中国共産党との親和性は高い。中国の台湾侵攻を「抑止」するという観点からは、国民党が台湾の与党である方が「抑止」は効き易《やす》いのかもしれない。他方、一昔前ならともかく、現在の国民党は中国にとって必ずしも「アセット（資産）」とはならないかもしれない。最近の台湾における中国の評価は下降気味であり、国民党の「中国離れ」も急速に進んでいると思われるからだ。

台湾における政党の支持率は、台湾民意基金会の2020年11月の調査で、国民党が21・2％で、民進党の31・9％には及ばなかった。[*25] また、台湾の有権者の自己アイデンティティーについては、2020年5月発表の米国調査機関の調査によれば、自らを台湾人と見ている人は66％、台湾人と中国人の両方と見ている人は28％、中国人と見ている人は4％だったという。[*26] こうした国民党の低迷も中国にとって懸念材料である。

⑦台湾に対する国際的支援はどの程度か

2021年4月の日米首脳会談の際発表された共同声明では、台湾をめぐり「日米両国は、台湾海峡の平和と安定の重要性を強調するとともに、両岸問題の平和的解決を促す」

と明記した。更に、同6月のG7主要国首脳会議での首脳コミュニケでも「台湾海峡の平和及び安定の重要性を強調し、両岸問題の平和的な解決を促す」という同一の表現が入っている。

日米首脳会談の共同声明で台湾に言及したのは、日中国交正常化前の1969年の佐藤栄作総理大臣とニクソン大統領の会談以来のことであり、G7首脳宣言が台湾に触れたのは史上初めてである。これをもって有事の際の台湾に対する国際的支援が拡大しつつあるとは言い切れないが、バイデン政権発足以降、台湾をめぐる国際環境が中国にとって不利になりつつあることだけは間違いなかろう。

更には、中台関係をめぐる日米露、ASEANや欧州など主要国の動向も「動機」に大きな影響を及ぼし得る。具体的には、

⑧各国の政権党の外交政策の基本は国際主義か、孤立主義か

⑨各国政権党の対中政策は抑止的か、関与的か、対決的か、宥和的か

⑩各国の議会や有権者の対中観はどうか

等々が考えられる。

例えば、バイデン政権後の米国の行政府が再び「米国第一主義」「米国単独主義」「大衆迎合的孤立主義」となる可能性は常にある。その場合、台湾に対する米国のコミットメントや支援が大きく変化し得るという意味で、台湾の将来は米国内政の動向に深く依存し続けるだろう。このことは、程度の差はあれ、日本その他の東アジア諸国の内政についても同様である。

抑止の教訓その5：中国の「意図」を如何に抑止するか

中国の台湾に対する「意図」、特に「動機」を抑止する方法はいくつか考えられる。第一は共産党の政治・軍事指導者に軍事的選択肢を諦めさせることだ。台湾侵攻という「目的」が、政治的・軍事的・経済的・心理的に、共産党にとって「割に合わない」ことを自覚させるのである。但し、これだけでは抽象的過ぎて、具体的な「抑止」方法のうちどれが最善であるかを知ることは難しいだろう。

次に効果的と思われる方法は、指導者たちを焦らせない、慌てさせないことだ。台湾侵攻という「目的」を達成することには、共産党指導部にとって必ずしも急迫性がない、逆に言えば、今台湾に侵攻しなくても共産党の指導や統治の正統性は十分安定しており、慌てて軍事的リスクを取る必要がないと感じさせることである。そのためには、外交交渉などを通じた非軍事的手段による問題解決は十分可能と信じさせる必要がある。

但し、そうしたやり方では中国側が「西側は弱腰である」などと誤解したり、「宥和政策」を採用したと誤認したりする恐れがある。そうなれば、中国側は逆にますます強気となり、必要以上に強硬姿勢を繰り返し、結果的に「抑止」が機能しなくなる可能性もある。そうなれば、本来なら十分「抑止」が効いて回避可能だった「大戦争」が予想に反して発生してしまう恐れもあるので要注意だ。

今筆者が最も懸念するのは、台湾について習近平政権が、1930年代の日本と同様、「勢いと偶然と判断ミス」に基づく誤った政治判断を繰り返し、国際情勢につき客観的な判断ができなくなる可能性だ。中国の誤算は、各国の政治家による新たな「勢いと偶然と判断ミス」を呼び、更なる誤った政治判断のサイクルを誘発する。そうなれば、通常なら「抑止」可能な状況が「抑止」不能となる恐れがある。

＊24　http://www.china-embassy.or.jp/jpn//zt/zggcdl100zn/t1889124.htm　日本語版には在京大使館版、在大阪総領事館版などいくつか公式・非公式バージョンがあるが、ここでは在京大使館版によった。

＊25 https://www.asahi.com/articles/ASND74WHZNCRUHBI01H.html

＊26 https://www.pewresearch.org/global/2020/05/12/in-taiwan-views-of-mainland-china-mostly-negative/

第六章

「グレーゾーン事態」「ハイブリッド戦争」

――古くて新しい概念

古くて新しい議論

21世紀に入り、尖閣諸島周辺海域への中国公船の侵入、ロシアによるクリミア占領、ウクライナ東部の実効支配などを念頭に、「グレーゾーン事態」や「ハイブリッド戦争」なる概念が注目されている。この1年間だけでも、多くの関連書籍が日本国内で出版され、この種の議論への関心が高まっていることは喜ばしい限りだ。

いずれも気鋭の研究者による力作揃い[*27]ではあるが、実は、2つほど気になる点がある。

第一は、日本には、当然ながら、本当の戦争を実際に体験した識者・研究者が殆どいないことだ。勉強家の彼らは「グレーゾーン事態」や「ハイブリッド戦争」に関する基本的知識こそ豊富だが、どうも「戦争」を記録された「知識」として捉える傾向がなきにしもあらず、なのである。

第二は、そもそもこれまでの人類の戦争は常に「グレーゾーン」であり「ハイブリッド」であったということだ。戦争とは人間同士の喧嘩である。喧嘩である以上、何と言われようと、どんな手段を用いてでも、勝つために、知恵を絞るのが唯一のルールだ。「グレーゾーン事態」「ハイブリッド戦争」も、19世紀以降戦時国際法が整備され、戦争に一定のルールが確立した後に生まれた、実は古くて新しい概念なのかもしれない。

トロイの木馬が良い例だろう。「木馬」を製作し、戦場に残していく行為は軍事攻撃そのものではない。しかし、その中にはギリシャの攻撃部隊が潜んでいる。それを見抜けなかったトロイアが悪いのか、敵の盲点を突く戦術を考えたギリシャが優れていたのか。いずれにせよ、木馬自体は「グレーゾーン」に近く、この戦法が「ハイブリッド」であったことは間違いない。

太古の昔から、人類の戦争は基本的に「平時でも軍事でもない隙間」を突き、「軍事だけでなく非軍事事も含む」戦法で戦われてきたし、今後もそうあり続ける。されば、将来の米中戦争を考える際も、古典的な意味の「グレーゾーン事態」「ハイブリッド戦争」と現代のそれとを慎重に比較し、どこが共通し、どこが違うかをしっかり分析していく必要があるだろう。

21世紀の戦争形態

以上を前提に、ここからは将来起こり得る「グレーゾーン事態」「ハイブリッド戦争」の形態に着目して分析を続ける。欧米ではこの分野の先行研究が少なくない。特に21世紀に入り、ジョージア、ウクライナ、東シナ海、南シナ海などで経験したとおり、今や「戦争」の定義は大きく変わりつつある。その意味では、既に「米中戦争」は始まっていると考えて良いかもしれない。

されば、「戦争論」をもう一度根本から考え直してみる必要はないか。少なくとも、「正規軍」を使い、「宣戦布告」を行い、「戦時国際法」を尊重し、陸海空の「3次元」のみで戦い、「講和条約」をもって終結する「在来型戦争」はもう起きないかもしれないからだ。人類の歴史が戦争の歴史だとすれば、我々が知る、いわゆる「在来型戦争」は、人類史上比較的新しい現象なのだろう。

戦争が「勝った者勝ち」だとすれば、古代から現在まで、「在来型戦争」とは異なるが、「グレーゾーン事態」を含む、非正規、非在来型の、情報、サイバー、宇宙、電磁界など多次元の軍事・非軍事的手段による「ハイブリッド戦争」は現在進行形である。人間は「在来型か否か」「国際法上合法的か否か」に関わらず、相手の意表を突いて戦争目的を達成するため、常に新しい形態の「戦争」を模索しているからだ。

されば、いわゆる「グレーゾーン事態」「ハイブリッド戦争」を如何に「抑止」すべきなのか。伝統的な正規軍だけでなく、海上民兵、特殊部隊、沿岸警備隊、サイバー部隊、宇宙戦部隊など、新たな軍種、兵器システムが投入される現代の戦争を「抑止」するには、従来とは異なる視点から、新しい戦争の実態を分析する必要がある。まずは、今流行の「グレーゾーン事態」と「ハイブリッド戦争」の概念から見ていこう。

防衛省の公式見解

「グレーゾーン」概念が広まったのは比較的最近のことだ。一般に「グレーゾーン事態」とは、「純然たる平時でも有事でもない事態であり、領土や主権、経済権益などをめぐる主張の対立を背景としつつも、明白な武力攻撃事態と認定することが困難な主権侵害、或いは、その発生の可能性が高い事態」だと理解されている。完璧な定義ではないが、白（平時）でも黒（有事）でもないから、灰色という趣旨なのだろう。

ちなみに、「グレーゾーン」なる概念について、日本の「防衛白書」は次のように解説している。

いわゆる「グレーゾーンの事態」とは、純然たる平時でも有事でもない幅広い状況を端的に表現したものです。

例えば、国家間において、領土、主権、海洋を含む経済権益などについて主張の対立があり、少なくとも一方の当事者が、武力攻撃に当たらない範囲で、実力組織などを用いて、問題に関わる地域において頻繁にプレゼンスを示すことなどにより、現状の変更を試み、自国の主張・要求の受け入れを強要しようとする行為が行われる状況をいいます。[*28]

一方、「ハイブリッド戦争」についても、防衛白書はこう解説している。

いわゆる「ハイブリッド戦」は、軍事と非軍事の境界を意図的に曖昧にした現状変更の手法であり、このような手法は、相手方に軍事面にとどまらない複雑な対応を強いることになります。

例えば、国籍を隠した不明部隊を用いた作戦、サイバー攻撃による通信・重要インフラの妨害、インターネットやメディアを通じた偽情報の流布などによる影響工作を複合的に用いた手法が、「ハイブリッド戦」に該当すると考えています。このような手法は、外形上、「武力の行使」と明確には認定しがたい手段をとることにより、軍の初動対応を遅らせるなど相手方の対応を困難なものにするとともに、自国の関与を否定するねらいがあるとの指摘もあります。

その上で防衛白書は、「グレーゾーン事態」と「ハイブリッド戦争」の関係について、「顕在化する国家間の競争の一環として、『ハイブリッド戦』を含む多様な手段により、グレーゾーン事態が長期にわたり継続する傾向にあります。」と結んでいる。まあ、分かったようで分からない解説ではあるが、前者が「平時か有事か」の区別に着目するのに対し、後者は「軍事か非軍事か」の違いに着目する、ということだろう。

しかし、前述のとおり、人類の戦争の歴史を振り返れば、「平時」「有事」「軍事」「非軍事」なる分類はあくまで可変的かつ人工的なものだ。戦争技術が進化するに伴い、戦争のルールや「戦時国際法」の規範も変わっていく。逆に言えば、人類は常に、既存の戦争のルールに反しない、ギリギリの戦術・戦法で、相手の弱点を突いてでも勝利する手法を考え、それを実践してきたといえるだろう。

仮に、従来の正統な「騎士道」や「戦時国際法」などの諸ルールに反する「卑怯」なやり方があっても、それが普及すれば、あまりに「非人道的」でない限り、国際的な法規やルールは事実上それを後追いして制限する傾向がある。そう考えれば、今日の「グレーゾーン事態」「ハイブリッド戦争」なるものも、決して21世紀の新たな概念ではなく、やはり「古くて新しい」課題と理解すべきかもしれない。

個人的回想──戦争「理解」を劇的に変えた「イラク戦争」

筆者の実戦体験は限られている。最初は忘れもしない1980年9月22日、アラビア語研修旅行でたまたまクウェートに逗留《とうりゅう》中、イラクのフセイン大統領が対イラン全面攻撃を開始した。イラン・イラク戦争の始まりである。当時クウェートが直接攻撃対象となることはなかったが、イラク南部のバスラから避難してくる一千人近い日本人のクウェート入国を丸1週間、イラク・クウェート国境で支援した覚えがある。

その次は、1982年夏からの在イラク日本大使館勤務時代だ。イラクに着任早々、イラン軍のF4ファントム戦闘機2機がバグダッドに飛来し、市内全域で対空砲火が火を噴いたのをホテルの10階から目撃した。更に、その1か月後にはイラン軍がイラク南部国境に大軍を集結させ、バスラに侵攻する構えを見せた。バスラ在住の日本人に対し「避難勧告」を出すべきか否か、この問題で悩みに悩んだことを思い出す。

しかし、振り返ってみれば、これらの経験は全て「在来型の戦争」であった。例外は、1983年だったか、バグダッド市内のイラク諜報機関本部に対する爆弾攻撃ぐらいだ。自宅は現場から直線距離で約1キロ離れていたが、窓ガラスが震えた。今でいう「自動車爆弾」「自爆テロ」の走りである。それでも、当時イラク国内の治安は安定しており、そもそも「グレーゾーン事態」「ハイブリッド戦争」といった概念は存在しなかった。

筆者の戦争認識を劇的に変えたのが、現在も静かに続く「イラク戦争」だ。いや、より正確に言えば、筆者の「戦争」理解を超えた、本当の意味での「イラク戦争」パート2が始まったのは、バグダッド陥落後の2003年夏からだった。同市内の国連事務所が強力な「手製」自動車爆弾で壊滅的被害を受け、秋には中部の都市ティクリートで我が国の外交官らが、恐らくスンニー系の私兵武装集団であろう何者かに殺害された。

当時バグダッドに置かれたCPA（連合国暫定当局、事実上の占領当局）に筆者が出向したのは翌年1月だった。当時の駐留軍の敵は、「手製爆弾」を多用する、「軍服を着ない」、正規軍ではない各種「ミリシア」だった。考えてみれば、CPAのあった通称「グリーンゾーン」の外で毎日起きていたことは、有事でも平時でもない「グレーゾーン事態」であり、軍事でも非軍事でもない「ハイブリッド」戦争だった。

CPA内では毎日バグダッド市内の「治安天気図」が作られていた。連合軍を攻撃するミリシアはスンニー系だけでなくシーア系もおり、同じ市内でもそれぞれ拠点が異なるからだ。完全装備した米軍小隊が、正規の軍事訓練こそ受けていないが「素人」でもない正体不明の私兵・民兵集団にいとも簡単に翻弄される日々が続いた。筆者にとっても、グリーンゾーンの外は、ルールのない恐ろしい「戦場」であった。

当時考えたことが2つある。一つは確度の高い情報であるインテリジェンスの必要性であるが、より重要なことは軍事技術・情報の一般化・大衆化が進んだことだった。当時バグダッドでは、一昔前なら正規軍しか持てなかった弾薬、軍事技術、戦闘能力などを非軍人が器用に使いこなしていた。正規軍同士が戦う古典的な意味での「イラク戦争」パート1は既に、2003年夏で終わっていたのである。

「グレーゾーン事態」と「ハイブリッド戦争」の具体的手法・戦術

近年欧米を中心に「グレーゾーン事態」「ハイブリッド戦争」に関する学問的研究が進んでおり、日本にもいくつか優れた先行研究[*29]がある。ここではそうした過去の研究の成果を踏まえながらも、「グレーゾーン事態」「ハイブリッド戦争」の学問的定義に拘泥することなく、むしろ実際に戦闘が起きた現場での様々な手法や戦術の実態に焦点を当てて分析することとしたい。

日本での研究は最近のロシアの戦い方、特に、２０１４年のウクライナ危機の際にクリミアを併合した作戦でロシアが採用した手法・戦術に関するものが多い。歴史的に見れば、「グレーゾーン事態」「ハイブリッド戦争」は決してロシアの専売特許ではないが、ロシアの手法・戦術は極めて合理的、包括的、かつ効果的であった。勿論、これはクリミア併合自体を許容・正当化する趣旨ではない。

ちなみに、ロシアや中国は、米国や西側こそが「グレーゾーン事態」「ハイブリッド戦争」を仕掛ける張本人であり、自分たちはそれに反撃し、自衛しているに過ぎないと考えている。中露の専門家は、例えば、一連のカラー革命、アラブの春、各種反政府運動の扇動、国内分離主義者への資金援助を含む各種支援なども全て、米国による「グレーゾーン事態」「ハイブリッド戦争」の一環と整理しているようだ。

以上を前提に、ここからは、「グレーゾーン事態」「ハイブリッド戦争」の具体的手法・戦法につき定性的分類を試みる。まずは、「グレーゾーン事態」「ハイブリッド戦争」の先進国であるロシアの例を見ていこう。この種の分類には様々な方法があり得るだろうが、本書では「非正規戦的・非軍事的な圧力」に絞って分類している。

①経済面の圧力

エネルギーの供給制限、その他様々な経済的圧力

②情報面の圧力

メディアやSNSによる内政干渉・社会分断工作、対相手国社会の偽情報、相手国議会の選挙への干渉、偽「住民投票」・偽「独立宣言」情報などの流布

③サイバー圧力

電力網の麻痺、DDoS《ディードス》攻撃（大量のデータを送り続けてサーバーなどをパンクさせる攻撃）などによる相手国コンピューターの機能停止

④電磁波の圧力

GPS攪乱《かくらん》情報・なりすまし情報、指揮通信統制、火器・迫撃砲の電波信管への干渉電

波、ミサイルコントロール電波等あらゆる電磁波スペクトラム（ＥＭＳ）使用の妨害・欺《ぎ》瞞《まん》・攪乱、兵士の私用携帯電話の偽通信ノード接続や携帯電話位置情報の入手

⑤ドローン圧力

ここでは、純粋の軍事攻撃に使用されるドローンを除く、非軍事的目的の偵察や情報収集用ドローンの使用一般を指す

⑥法律面の圧力

国際法上、自衛権の発動が認められる事態に至らない全ての手法・戦術であり、誤解を恐れずに言えば、潜在的敵対国からの「非友好的」以上、「武力行使」未満の全ての行動が含まれる

⑦精神面の圧力

相手国国民・住民のアイデンティティー、民族意識・感情に作用する圧力であり、例えば、ロシア系ウクライナ人の民族意識に訴えて過去の民族対立感情を煽るなどの手段

⑧その他の物理的圧力

非国家主体武装勢力（リトル・グリーン・メン、民間軍事会社、反体制派への武器供与）の活動

自国秘密工作員の派遣・浸透（暗殺、テロ、各種妨害行為、インフラ破壊、政府庁舎占拠などを含む）

現地過激派、民族主義者、親露団体、現地ロシア系住民を間接的に活用する工作活動

参考までに、中国の軍人が考えた「超限戦」なる概念にも触れておこう。『超限戦』とは1999年に中国人民解放軍の喬良《きょうりょう》、王湘穂《おうしょうすい》両大佐が書いた戦略研究書であり、中国語では日本語と同じ漢字の「超限戦」、英語では一般にUnrestricted Warfareと訳されている。著者たちは、将来の戦争を、あらゆる手段で、制約無く、戦うものとして捉え、25種類の戦闘方法を提案している。

その中には、通常戦、外交戦だけでなく、国家テロ戦、諜報戦、貿易戦、金融戦、生態戦、心理戦、法律戦、密輸戦、メディア戦、麻薬戦、ハッカー戦、技術戦、仮想戦、資源

戦、経済支援戦、文化戦、国際法戦などがある。要するに、森羅万象の戦域で「戦う」と言っているのだ。中国版「グレーゾーン事態」「ハイブリッド戦争」の指南書と考えてよいだろう。

抑止の教訓：その6

潜在的な敵対国が仕掛ける「グレーゾーン事態」「ハイブリッド戦争」の脅威を我々は如何に抑止すべきか。事前にこれらの「脅威」を適切に「抑止」し、敵対国に戦争を決意させないことは、正規戦と同様、決して容易ではない。他方、こうした非軍事的、非正規戦的活動にも必ず弱点はある。この点につき、小泉悠・東京大学先端科学技術研究センター特任助教はその著書『現代ロシアの軍事戦略』の中でウクライナ危機の経緯を詳細に分析し、4つの重要な示唆を行っている。[*30] 該当部分を引用する。

第一に、非軍事的手段は、それ自体では闘争手段としては機能しなかった。ロシアの目標は…ウクライナを分裂させることであったと思われる。…しかし、現地住民の扇動や、…民兵勢力のみによっては、こうした目標は達成できなかった。…軍隊は民兵よりもずっと強いからである。…厳しい規律、住民の幅広い支持、国際社会の共感や支援、峻険な地形といった「天地人」の要素が揃わなければ、民兵は正規軍に勝てないのである。

第二に、…領域国民国家が有する動員力というものを改めて実証した。…徴兵によって一般市民に基礎的な軍事訓練を広く積ませておくことは将来の動員能力に繫がる。（ウクライナ国民にさえ）もはや前世紀の遺物と思われていた「動員」という概念が復活する契機となったのが、ウクライナ危機であった。

第三に、…決定的な影響力を持ったのは、まさにクラウゼヴィッツ的な軍事的闘争手段の優劣であった。…紛争が二転三転した原因は、このように戦闘力の異なる軍事集団が段階的に投入されたことに求められる。

第四に、民兵は統制に難がある。…彼らはしばしばロシア政府の意向を無視したのである。…命令に絶対服従する軍人とは異なり、民兵たちはそれぞれが独自の「戦う理由」を持っているのであって、そう都合よくは動いてくれないのである。

要するに、「グレーゾーン事態」「ハイブリッド戦争」といっても決して万能ではなく、最終的には自国の正規軍または特殊部隊しか頼りにならないということだ。海を隔てた島嶼《とうしょ》地域や海洋上での海軍を使わない作戦は、陸続きの隣国で行う地上作戦よりも、更に難易度が高いかもしれない。以上を前提に、「グレーゾーン事態」「ハイブリッド戦争」での「脅威」に対する「抑止」方法をそれぞれ考えてみよう。

①経済面の圧力　経済的自立可能性の強化、潜在的敵国への経済・エネルギー依存からの脱却
②情報面の圧力　メディアやSNSによるカウンター情報戦能力の取得と強化
③サイバー圧力　カウンター・サイバー攻撃能力の取得と強化、特に、防御だけでなく攻撃能力を含む
④電磁波の圧力　カウンター電磁波攻撃能力、特に防御だけでなく攻撃能力を含む
⑤ドローン圧力　ドローン撃墜能力の取得と強化
⑥法律面の圧力　自衛権の発動要件の緩和、国際法解釈の再検討、関連国内法の制定・強化
⑦精神面の圧力　自国の民族意識・アイデンティティーの強化、民族対立感情の克服努力
⑧その他の物理的圧力　国内の相手国工作員、非国家主体武装勢力の発見と摘発（スパイ防止法**の制定・強化）、警察力では対応不能な場合の正規軍即応部隊の整備・強化**

これらは、恐らくそのまま「米中戦争」でも応用可能だろう。次章では台湾有事の際の「グレーゾーン事態」「ハイブリッド戦争」について考える。

＊27 現在日本語で読める関連文献としては、次のようなものがある。
神保謙「シームレスな安全保障体制への課題　『グレーゾーン』事態からのエスカレーションを巡って」『安全保障政策のリアリティ・チェック』第3章（日本国際問題研究所）
「海と空のグレーゾーン事態への対処―その問題と対策―」（中曽根康弘世界平和研究所）
志田淳二郎『ハイブリッド戦争の時代』並木書房、2021年
小泉悠『現代ロシアの軍事戦略』ちくま新書、2021年
廣瀬陽子『ハイブリッド戦争　ロシアの新しい国家戦略』講談社現代新書、2021年
＊28 「〈解説〉『グレーゾーンの事態』と『ハイブリッド戦』とは」（令和2年版防衛白書）https://www.mod.go.jp/j/publication/wp/wp2020/html/n11001000.html
＊29 例えば志田淳二郎『ハイブリッド戦争の時代』、小泉悠『現代ロシアの軍事戦略』など
＊30 『現代ロシアの軍事戦略』133〜137ページ

第七章

「グレーゾーン事態」「ハイブリッド戦争」を如何に抑止するか

将来の「米中戦争」の初期段階がこれまで述べてきた「グレーゾーン事態」「ハイブリッド戦争」の様相を呈する可能性は十二分にある。本章では「米中戦争」において想定される「グレーゾーン事態」「ハイブリッド戦争」につき、それぞれの局面で如何なる手法・戦術が採用され得るか、それに対し最も効果的な抑止方法は何か、について考えてみたい。

米中戦争の具体的シナリオ

これまで繰り返し述べているとおり、本書の主題は「米中は如何に戦うか」ではなく「中国を如何に抑止するか」だ。一度「米中戦争」が始まってしまえば、その後は、それに伴い起きるであろう東アジア地域の悲劇的事態の「ダメージコントロール」しかできない。こうした壊滅的事態の発生を回避する最善の方法は、米中戦争で起こり得る事態を予測し、その発生を未然に防ぐ知恵を探求することだ。

そうは言っても、「言うは易し」である。ある程度未来を予測するにしても、そこに最低限の前提条件を置かなければ、そもそも予測や「抑止」の有効性を確保することはできない。そこで本章では、米中関係をめぐる中国・台湾内外の諸情勢について、便宜上、以下のようなシナリオを設定し、それらを前提に「米中戦争」、特にその「グレーゾーン事態」「ハイブリッド戦争」の様相とそれを「抑止」する手段について考えてみる。

【想定時期】

203X年Y月

【中国の内外情勢】

習近平体制の国際的孤立が続き、対中経済制裁の更なる強化の可能性が高まる。国内経済成長は鈍化し、習政権の正統性は低下し始める。党内の政敵による習近平体制への批判が燻《くすぶ》り、民衆による抗議運動も激化する

【台湾の内外情勢】

前回総統選挙で、民進党候補はスキャンダルで自滅し、国民党候補が新総統に就任するも、中国大陸側はこれに対し強い不信感を抱く

【米国の内外情勢】

共和党（トランプ主義者）の大統領が就任する。新大統領は新孤立主義者であるものの、同政権の外交・安保政策スタッフには伝統的国際主義者も少なくない

【あり得べき中国の戦争目的の例】
台湾の解放統一、台湾離島（南シナ海を含む）の奪取、尖閣諸島の奪取、南シナ海での勢力拡大、朝鮮半島における影響力の拡大、対印軍事力の誇示、対台湾軍事力の誇示など

米中戦争は「グラデーション」で進む

前節のシナリオでは、将来の米中戦争が、宣戦布告により、誰が見ても戦闘開始と分かるような、正規軍に対する正規軍の攻撃をもって始まる可能性は極めて低いだろう。第六章で詳しく見たとおり、仮に中国が対米戦争を決意すれば、その戦争目的が如何なるものであれ、恐らく素人には分からない、何の前触れもない「グレーゾーン事態」「ハイブリッド戦争」（中国軍人の呼ぶ「超限戦」）から始まる可能性が高いと考えるからだ。

その意味で米中戦争は、「白か黒か」ではなく、恐らくは「グラデーション」状に進行するはずである。しかも、中国側は当初から「非正規軍」だけでなく「正規軍」部隊も必要な場所に配置している可能性が高い。となれば、将来の米中戦争は、当初から「黒のまだら模様」の入った「グラデーション」戦争になると覚悟しておいた方が良いだろう。

ここからはこうした米中「グラデーション」戦争の始まりとなる「グレーゾーン事態」

「ハイブリッド戦争」の具体的手法・戦術を列挙していく。ここでも、問題の本質を正確に理解するため、作戦規模が最も大きく、その帰趨《きすう》が最も重要と思われる象徴的事例として、中国人民解放軍が「台湾の軍事侵攻」または南シナ海を含む「台湾離島の奪取」を試みると想定する。

中国の「グレーゾーン事態」「ハイブリッド戦争」の手法・戦術とその抑止方法

①経済面の圧力

日米台などに対する貿易制限措置（レアアースなど）、両岸経済関係の凍結、両岸人的交流の凍結などが考えられようが、この種の圧力を「抑止」することは難しい。日頃から重要原料・資材の備蓄を進めることにより、この種の圧力が始まっても、少なくとも1年は耐えられる抵抗力をつけておくべきである。

②情報面の圧力

日米台などに対する情報戦（ネット上を含み、フェイクニュース、台湾の与党・要人のスキャンダル流布、台湾独立運動支援による国論分断など）が考えられる。この種の情報戦に対しては、ネット上であればネット遮断などによる対抗策もあり得ようが、それ以外の場合に「抑止」は難しい。中国国内に対する情報戦の難しさに鑑みれば、情報戦での日米台側の劣勢は否めないだろう。

③ サイバー圧力

日米台などに対する大規模かつ波状的、長期的なサイバー攻撃（インフラ、電力など）が考えられる。中国からのサイバー攻撃を抑止するためには、単に防御能力の拡充だけでなく、対中国サイバー基地に対するカウンター・サイバー攻撃能力の拡充が不可欠である。更に、一定以上のサイバー攻撃を「国際法上の自衛権発動」の構成要件と整理し、それを対外的に公表することも必要である。

④ 電磁波の圧力

電磁波攻撃の防御は難しいため、その「抑止」には米国による同等またはそれ以上の対中電磁波攻撃能力の確保が必要となる。

⑤ドローン圧力

中国が大量のドローンを使用する可能性は極めて高く、大量ドローンの同時かつ大規模な撃墜能力の取得と強化が不可欠となる。

⑥法律面の圧力

米台間では、台湾関係法上、米国の台湾防衛に関する法的義務がどこまで認められるか、また、日本の場合には、憲法上の自衛権発動要件の緩和、国際法解釈の変更、関連国内法の制定・強化が必要となる。

⑦精神面の圧力

主として台湾の国民党系住民に対する働きかけが想定されるが、21世紀に入り、その種の民族意識、民族対立感情が中国にとって有利に働く可能性は低く、その面での「抑止」は比較的容易と思われる。

⑧その他の物理的圧力

台湾での特殊工作（台湾内での中国特殊部隊による破壊工作、台湾要人の暗殺、偽「中台統一」宣言、台湾内部で統一派の武装蜂起など）、漁船、海上民兵、海警などを動員した金門・馬祖、澎湖《ほうこ》などの離島に対する中国漁民の上陸などが考えられる。しかし、陸続きのロシア・ウクライナとは異なり、海を隔てた台湾に対し非正規軍を送り込む作戦は決して容易ではないばかりか、政治的意義も低いので、台湾が国内警備を強化するなどの措置を適切にとれば、ある程度の「抑止」は可能と思われる。

米台がこれらの「グレーゾーン事態」「ハイブリッド戦争」の「抑止」に失敗すれば、中国が状況に応じ更に全面戦争に進む可能性は高まる。その意味でも、上記8点のそれぞれについて最大限の「抑止」を行い、台湾侵攻を計画段階で断念させることが極めて重要である。更に、米国の台湾防衛の意志を明確にすることの重要性も併せ指摘しておきたい。

抑止の教訓その7：抑止力としての米国の「台湾防衛」意図の明確化

2020年9月、米外交専門誌に「米国は台湾防衛意図を明確化せよ」と題する小論が掲載[*31]された。著者は米外交評議会会長で元国務省政策企画局長のリチャード・ハース氏だ。

従来、米国の台湾政策は、中国による台湾侵攻への米国の対応を明確にしない「戦略的曖昧さ（strategic ambiguity、以下、曖昧戦略）」であり、1972年のニクソン訪中以来、米国はこの「曖昧戦略」によって中国の台湾侵攻と台湾の独立宣言を抑止し、東アジアの現状を維持してきた。

ところが、ハース論文はこうした伝統的「曖昧戦略」を180度転換し、次の理由により台湾有事の際、米国は直接軍事介入する意図を予《あらかじ》め明確にすべしと主張する。


「曖昧戦略では軍事的に強大化した中国を抑止できない」

「台湾防衛意図の明確化という方針変更は『一つの中国』政策の枠内で可能」

「むしろ米中関係を強化する」

「中国の軍事的優位は明らかで、米国が中国の行動を待って態度を決めるのでは遅すぎる」

「台湾再統一の際、万一米国が台湾を守らなければ、日韓は米国に頼れないと判断、対中接近か核武装により、次の戦争の原因になる。曖昧戦略は地域の現状維持に資さない」


しかし、このハース論文には有力な反論があり得る。1972年以降の米中関係に関する米国政府の伝統的政策はそれなりに機能しており、筆者ですら、直ちに次のような反論を思い付く。

●曖昧戦略の放棄は1972年の米中正常化の前提を否定するので、中国は台湾問題の平和的解決の約束を反故《ほご》にし、台湾の安全はむしろ害される

●米国が防衛しなければ同盟国の信頼は失われるが、他方、彼ら同盟国側も米国に代わって台湾防衛義務まで負う気はないので、曖昧戦略は同盟国の利益でもある

●曖昧さによる抑止は今も可能であり、これまでも抑止は機能してきた。仮にこの戦略を転換しても、米中戦争は誰も望んでおらず、米国は実行不可能な「レッドライン」の罠に嵌るだけだ

ちなみに、1979年の米国の台湾関係法は「台湾の将来に対する非平和的決定を脅威」とみなし、台湾への「武器供与」も規定しているが、「米国の台湾防衛義務」にまでは言及していない。この種の「防衛義務」は、米国と中華民国が結んでいた米華相互安保条約なる国際条約上の義務としては規定されていたが、1979年の米中国交正常化によ

り同条約は効力を失っている。

最後に、日本の立場にも触れておこう。台湾問題に関する日本政府の基本的立場は、1972年の日中共同声明第3項にあるとおり、中華人民共和国政府が、「台湾が中華人民共和国の領土の不可分の一部であることを重ねて表明する」のに対し、「日本政府は、この中華人民共和国政府の立場を十分理解し、尊重し、ポツダム宣言第八項に基づく立場を堅持する」というものだ。

当時の日本側交渉担当者によれば、その意味するところは次のとおりである。[*32]

「台湾問題は、台湾海峡の両岸の当事者間の話し合いによって平和的に解決されるというのがわが国の希望である。台湾が平和的に中華人民共和国に統一されるのであれば、日本は当然これを受け入れる。当事者間の平和的話し合いがある限り、台湾問題は中国の国内問題と認識され、台湾をめぐり安保条約の運用上の問題が生じることはない。」

他方、「将来万一中国が武力を用いて台湾を統一しようとして武力紛争が発生した場合には、事情が根本的に異なるので、わが国の対応については、立場を留保せざるを得ない。」これが1972年の長い日中交渉の結果出来上がった芸術的ともいえる日中間合意の本質である。当時の日本政府関係者はこうして「台湾有事」を抑止する枠組みを「日中共同声明」の中に盛り込んだのだ。

ちなみに、この日本政府関係者によれば、1972年の米中上海コミュニケ中の「acknowledge」なる表現に関する当時の米側非公式説明はこうだ。「『アクノレッジ』とは、文字通りアクノレッジ（事実があることは認める）という意味であり、それ以上のものではない。中国人が主張している事実を認めたのであって、主張そのものを認めたものではない。」この点に関する日米の認識はほぼ同様であることが分かるだろう。

＊31 https://www.foreignaffairs.com/articles/united-states/american-support-taiwan-must-be-unambiguous

＊32 栗山尚一（元駐米大使）「台湾問題についての日本の立場―日中共同声明第三項の意味―」https://www2.jiia.or.jp/RESR/column_page.php?id=141

第八章
米中の軍事対立に関するマトリックス分析

ここまで長々と脅威論、グレーゾーン事態、ハイブリッド戦争について書いてきたのには訳がある。筆者が言いたかったのは、中国の脅威は、「脅威」＝「能力」（「手段」×「機会」）×「意図」（「目的」×「動機」）として分析すべきであり、米中戦争は「グレーゾーン事態」と「ハイブリッド戦争」が「まだらグラデーション」状態で発生する可能性が高いということだ。しかし、これはあくまで議論の前提でしかない。

以上を踏まえ本章では、台湾などをめぐる「米中戦争」が如何なる態様で始まり、実際に戦われるかを「マトリックス」手法を用いて網羅的に分析する。今後米中両国が台湾などをめぐり対立を深めるとしても、それぞれには異なる思惑があるはずだ。されば、本章ではまず、米中双方の思惑の違いにより実際の「米中戦争」の態様に如何なる違いが生じるかを包括的に分析してみたい。

「マトリックス」分析に使う諸要素

マトリックス分析の利点は、将来起こり得る様々な現象を、ある程度単純化した一定数の類型・シナリオに分類し、それぞれの類型について、その蓋然性、メリット、デメリットなどを分析できることだ。逆に言えば、マトリックスを単純化し過ぎると、議論自体が大雑把になり、網羅的な分析が困難になる。そこで、「はじめに」でも述べたとおり、本章では、類型・シナリオの総数を常識的に理解可能な限界値と思われる16に絞ることにした。

ここからは「米中戦争」の態様を予測するため、米中の「意図」の違いに焦点を当てて分析する。まずは、中国の台湾に対する「脅威」のうちの「意図（特に目的）」についてある程度の単純化をお許し頂き、

A　早急かつ全面的な武力行使が必要と判断し、台湾を全面侵攻し占領する
B　限定的ながら相当程度の武力行使が必要と判断し、金門・馬祖のみを侵攻し占領する
C　ある程度の武力行使は必要と判断し、南シナ海の台湾離島のみを侵攻し占領する
D　戦力の誇示が必要と判断し、台湾に対し軍事的威嚇のみを行う

の4つの「目的」を考えてみた。

更に、こうした中国側の「意図」に対し、米国の台湾危機への「意図」についてもある程度単純化し、

a　全力で台湾を防衛する
b　可能な限り台湾を防衛する

c　条件付きで中国と妥協する
d　中国との全面対決を回避する
という4つの「目的」を考えてみた。

c 条件付き対中妥協	d 対中衝突を回避
③台湾解放部分成功 総書記の威信は上昇	④台湾解放全面成功 総書記の威信急上昇
⑦離島占領全面成功 総書記威信やや上昇	⑧離島占領全面成功 総書記の威信は上昇
⑪離島占領は成功 総書記威信やや上昇	⑫離島占領全面成功 総書記の威信は上昇
⑮中国のダメージ小 総書記の威信は不変	⑯96年屈辱克服 総書記の威信は微増

これで全ての可能性を網羅する最も現実に近いマトリックスができた、などと言うつもりは毛頭ない。しかし、これ以上複雑化しても、新たに意味のある類型が生まれるとは思えない。本書の目的はあくまで「米中戦争」を如何に「抑止」するかであって、近未来戦争の結末予測ではないからだ。以上を前提に、米中双方4つの「目的」の結果生じ得る16類型・シナリオを特定し、それぞれ何が起こり得るか占って

表3：米中の台湾をめぐる戦争（武力行使）の「目的」に関するマトリックス　1. 米中の「目的」

【米国】／【中国】	a 全面的な台湾防衛	b 可能範囲台湾防衛
A 台湾全面侵攻占領	①占領失敗、核戦争危機、冒険主義批判	②中国優位で膠着 総書記の威信は不変
B 金門・馬祖侵攻占領	⑤離島占領部分失敗 国内で冒険主義批判	⑥離島占領部分成功 総書記の威信は微増
C 南シナ海離島侵攻	⑨離島占領膠着状態 総書記の威信未知数	⑩離島占領部分成功 総書記の威信は微増
D 対台湾軍事的威嚇	⑬96年台湾危機再来 総書記の威信低下	⑭政軍的優劣つかず 総書記の威信は微減

みよう。

筆者の仮説をまとめたものが上記のマトリックスである。黒地の個所（①⑬）は中国にとっての危機的状況を示し、濃度が薄く、白に近いほど（③④⑦⑧⑪⑫⑯）理想的状況をそれぞれ示している。

以下、具体的に説明していこう。

米中間で何が起きるか

核心に入ろう。上記16類型・シナリオでは一体何が起きるだろうか、筆者が蓋然性が高いと考える状況を順次書いていこう。まずは「A 中国が台湾を全面侵攻し占領する」と決断した場合である。

「A」の前提は、「意図」特に「動機」が如何なるものであるにせよ、中国の政治・軍事指導者が、短期間で台湾を制圧することが軍事的に可能と判断（ないし誤算）することだ。当然、「グレーゾーン事態」「ハイブリッド戦争」などを駆使しつつ、最終的には全面戦争に至ることも覚悟で、台湾に対する大規模な軍事作戦を開始することになる。

繰り返しになるが、中国が「グレーゾーン事態」「ハイブリッド戦争」の手法・戦術を徹底的に活用することは間違いない。具体的に中国は、経済面、情報面、サイバー、電磁波、ドローン、法律面、精神面、その他の物理的圧力を駆使して、正規軍部隊が在来型兵器を用い相手の正規軍に攻撃を仕掛ける前に、戦争を開始する。この段階で中国の行動を「抑止」できなければ、正規軍による戦争が始まるだろう。

シナリオ1―①：中国は台湾を全面侵攻し、米国は全力で台湾を防衛する
【台湾解放は失敗、米中核戦争の危機、中国国内では冒険主義批判の恐れ】

いわゆる「ガチンコ」勝負だ。「米軍の介入がなければ、人民解放軍は単独で台湾を軍事的に『解放』する能力を持つ」筆者がこの話を米政府関係者から直接聞いたのは約20年前だから、現在中国の能力は一層増大しているはずだ。但し、軍事技術の世界は日進月歩、米中間の優劣を詳しく知りたい向きは兵器専門家の関連書籍をお読み頂きたい。尤《もっと》も、今出版されている内容もいずれは陳腐化していくだろうが。

いずれにせよ、現在米側は人民解放軍に対する能力の「後れ」を痛感しているはずだ。国防総省は全省を挙げて、兵器システムだけでなく、対中軍事戦略、個々の戦術、使用する兵器システムのあり方など中国に関する既存の全ての政策を全面的に見直している。その全貌が見えてくるのは、恐らく2022年以降になるだろう。

という訳で、ここでは米中彼我の戦力比較の詳細には立ち入らない。但し、米軍には台湾有事を想定した「作戦計画5077」があると報じられており、米インド太平洋軍を中心とする部隊はそれなりの訓練を行っているはずだ。米国が全力で台湾を防衛すると決断するならば、そのために投入可能な米軍部隊を総動員することは、物理的には、十分可能なはずである。

もし、米軍が中国の台湾侵攻計画をある程度事前に察知し、必要な準備を十分行う時間的余裕がある場合、中国による奇襲が成功する確率は五分五分以下となるだろう。されば、仮に当初人民解放軍が「グレーゾーン事態」「ハイブリッド戦争」の分野である程度優位に立ったとしても、米軍が米議会の支持を受けて全力で戦う場合には、人民解放軍が台湾を早期に制圧し、完全に支配できるとは考えにくい。

そうした状況は軍事的に「作戦失敗」にはならずとも、「作戦成功」ではない可能性が含まれるが、それは中国の最高指導者にとって政治的には失敗に近い。台湾解放は中国共産党の「歴史的任務」である。中国の政治・軍事指導者が如何なる「動機」で対米開戦を決意するにせよ、この種の「台湾解放」作戦に万一「失敗」するようなら、国内では共産党トップの「対外冒険主義」が強く批判される恐れもあるからだ。

もう一点、考慮すべきは米中「核戦争」勃発の恐れである。現在中国は急速にその核戦力を増強しつつあり、その対米核報復能力は一定レベルに達しているので、米側も常に核戦争の危険性を懸念しているはずだ。されば、仮に米中両軍が台湾をめぐり通常兵器による全面戦争を戦うにしても、その決着が米中いずれかの一方的勝利にはならない可能性が高い。

シナリオ1―②：中国は台湾を全面侵攻し、米国は可能な限り台湾を防衛する【中国優位のまま膠着、総書記の威信は不変】

このシナリオでは、中国側が全面戦争を仕掛けるが、米国は「緒戦で出遅れ」、「腰が引けて」おり、「台湾防衛」のため軍事的に動くことは動くが、その戦い方が必ずしも「全面的」とはならない状況を想定している。米側の「腰が引ける」理由は様々だろう。例えば、台湾の米安保戦略上の「優先順位」の低下や、欧州、中東地域での情勢悪化に伴う東アジアに対する関心や優先順位の相対的低下などが考えられる。

その場合、台湾をめぐる軍事状況は人民解放軍側に有利となる可能性が高く、台湾の完全な早期制圧は難しいにせよ、戦況自体が中国側に有利なまま膠着《こうちゃく》状態に陥る可能性が高いと思われる。そうなれば、中国の政治・軍事指導者が「冒険主義」の批判を受けることはないし、米中核戦争の危険を冒す必要もないだろう。逆に、このシナリオで台湾は予想以上に不利な軍事状況に直面する。

シナリオ1—③：中国は台湾を全面侵攻し、米国は条件付きで中国と妥協する【台湾解放は部分成功、総書記の威信は上昇】

このシナリオでは、中国側が全面戦争を仕掛けるが、米国は台湾をめぐる情勢が「既に手遅れ」となりつつあると判断する状況を想定する。当然、米側は「軍事介入」自体に消極的であり、「台湾防衛」のため軍事的に動くことは動くが、ある時点から、中国と政治的妥協を求める（すなわち、中国の「台湾占領」を事実上既成事実と認める）ことになる。具体的には、例えば、欧州や中東で別の危機が発生し、東アジアで米軍が全面的に関与できない状況などが考えられよう。

その場合、台湾をめぐる軍事状況は台湾側にとって不利となり、部分的な台湾制圧が可能となるなど、戦況自体が中国側に圧倒的に有利となる可能性が高いと思われる。そうなれば、中国の政治・軍事指導者の政治的威信は高まる一方、台湾では大量の難民や海外逃避者が発生し、台湾の民主主義が急速に劣化していく恐れがあるだろう。

シナリオ1―④：中国は台湾を全面侵攻し、米国は中国との全面対決を回避する【台湾解放は全面成功、総書記の威信急上昇】

このシナリオでは、中国側が全面戦争を仕掛けるが、米国は、「もはや手遅れ」と見て、基本的に軍事介入を行わない状況を想定している。中国は本土から多数の解放軍部隊、治安部隊、文民を台湾に送り込み、一気に台湾を「台湾省」化、もしくは本土化するか、少なくとも「一国二制度」を導入して、台湾を実質的に支配することとなるだろう。国際的な反発にもかかわらず、中国国内での共産党・総書記の威信は頂点に達するはずだ。

台湾近海離島侵攻

続いては、中国が「B金門・馬祖のみを侵攻し占領する」と決めた場合を見ていこう。「B」の前提は、如何なる「動機」があるにせよ、中国の政治・軍事指導者が、台湾本島の制圧は当面諦めつつも、中国本土に近い台湾の離島を軍事的に制圧すると決断（ないし誤算）することだ。「A」と同様、「グレーゾーン事態」「ハイブリッド戦争」が多用された後、離島への上陸作戦が開始される。

「金門・馬祖」と南シナ海の「東沙諸島」を区別した理由は「はじめに」の注で既に述べた。いずれも中国共産党が得る利益に限界があるのは事実だが、「金門・馬祖」の場合は戦域と関係国が台湾周辺に限定されるのに対し、「東沙諸島」では戦域が南シナ海全域となり、関係国の数もはるかに多いためだ。いずれにせよ、マトリックス分析手法の基本は、蓋然性が低くても、あらゆる可能性について分析することである。

シナリオ1—⑤：中国は金門・馬祖のみを侵攻し、米国は全力で台湾を防衛する

【離島占領は部分失敗、国内で冒険主義批判】

台湾の離島をめぐる米中「ガチンコ」勝負となる。前述のとおり、米軍が非介入なら、人民解放軍は単独で台湾本島を軍事「解放」する能力を持つ。されば、中国本土に近い台湾の離島という限定目標に対する全面攻撃が成功する確率はかなり高い。そもそも、第一列島線内の台湾海峡において米軍が全力で台湾離島を防衛することは、不可能ではなかろうが、決して容易ではない。

上記シナリオ1—①と同様、仮に、米軍が中国の台湾離島侵攻計画をある程度事前に察知し、そのために必要な準備を十分行う余裕がある場合、中国による奇襲が成功する確率は五分五分以下だろう。されば、仮に解放軍が「グレーゾーン事態」「ハイブリッド戦争」の分野である程度優位に立ったとしても、米軍が本気で戦う場合には、人民解放軍が容易に離島を制圧して支配下に置けるとは考えにくい。

となれば、そうした事態は、中国にとって「作戦失敗」ではないにせよ、政治的には「失敗」に近いだろう。台湾の解放は中国共産党の「歴史的任務」だが、今回の目標はそのごく一部の離島に過ぎない。中国の政治・軍事指導者が如何なる「動機」で開戦を決意

するにせよ、この種の限定的な「離島侵攻作戦」すら「失敗」するとなれば、国内では「対外冒険主義」に対する批判が高まりかねない。

もう一点、米中「核戦争」勃発の恐れについても触れたい。今回は軍事目標が「台湾本島」ではなく、あくまで「離島」であるため、核兵器使用の危険性はシナリオ1―①ほど高いとは思えない。他方、米中が本気で全面戦争を戦うとなれば、やはり、核戦争の危険性を完全に排除することは難しいだろう。

シナリオ1―⑥：中国は金門・馬祖のみを侵攻し、米国は可能な限り台湾を防衛する

【離島占領は部分成功、総書記の威信は微増】

このシナリオでは、中国側が中国本土に近い台湾の離島に対し全面攻撃を仕掛けるが、米国は「緒戦で出遅れ」、どこか「腰が引けて」いて、その戦い方は必ずしも「全面的」ではない状況を想定している。シナリオ1―②と同様、米側の「腰が引ける」理由としては、台湾の「優先順位」の低下や、欧州、中東地域での情勢悪化などが考えられる。

その場合、台湾離島をめぐる軍事状況は人民解放軍側に有利となる可能性が高い。離島の完全早期制圧は難しいにせよ、戦況自体が中国側に有利となり、部分的に離島占領が成功する可能性は十分あると思われる。そうなれば、中国の政治・軍事指導者は危険な冒険主義者との批判を受けることはなく、米中核戦争の危険を冒すこともないだろう。

シナリオ1—⑦：中国は金門・馬祖のみを侵攻し、米国は条件付きで中国と妥協する【離島占領は全面成功、総書記威信やや上昇】

このシナリオでは、中国側が本土に近い台湾の離島に対し全面攻撃を仕掛けるが、米国は「既に手遅れ」になりつつあるとして、台湾をめぐる「軍事介入」自体に消極的であり、仮に「台湾防衛」作戦を始めたとしても、ある時点から中国と政治的妥協を求める（すなわち、中国の「離島占領」を事実上既成事実と認める）状況を想定する。前述のシナリオ1—③と同様の状況である。

この場合、離島をめぐる軍事状況は人民解放軍側に圧倒的に有利となる可能性が高い。そうなれば、中国の政治・軍事指導者の政治的威信が高まるだけでなく、金門・馬祖や台湾本島でも人心が動揺し、政治亡命や海外脱出を試みる台湾人が急増し、台湾の民主主義が徐々に劣化していく可能性もあるだろう。

シナリオ1―⑧：中国は金門・馬祖のみを侵攻し、米国は中国との全面対決を回避する【離島占領は全面成功、総書記の威信は上昇】

このシナリオでは、中国側が本土に近い台湾の離島に対し全面攻撃を仕掛けるが、米国は「もはや手遅れ」と見て、基本的に軍事介入を行わない状況を想定する。中国は本土から多数の解放軍部隊、治安部隊、文民を金門・馬祖に送り込み、一気に離島を本土化し、実質的に支配するだろう。国際的な反発にもかかわらず、中国国内での共産党・総書記の威信は高まる。中国の政治・軍事指導者にとってはリスクの少ないシナリオである。

南シナ海離島侵攻

続いて、中国が「C 南シナ海の台湾離島のみを侵攻し占領する」場合はどうだろうか。

シナリオ1―⑨：中国は南シナ海の台湾離島のみを侵攻し、米国は全力で台湾を防衛する【離島占領は膠着状態、総書記の威信は未知数、国際的批判高まる】

台湾が実効支配する南シナ海の離島をめぐる米中「ガチンコ」勝負となる。「B」の金門・馬祖シナリオとは異なり、本シナリオでは南シナ海での人民解放軍と米軍の軍事作戦遂行能力の差がポイントとなる。現状では、海警と人民解放軍が南シナ海の台湾の「離島」を短期間で制圧することは不可能ではない。米軍が恒常的軍事施設を事実上持たない南シナ海において、中国の軍事的優勢は明白である。

されば、南シナ海で既に複数の軍事拠点を持つ中国が離島の部分占領に成功する確率は高い。仮に、米軍が全力で南シナ海の台湾「離島」を防衛すると決断しても、人民解放軍は「グレーゾーン事態」「ハイブリッド戦争」を仕掛けてくる可能性が高く、米軍の離島防衛作戦は、不可能ではなかろうが、決して容易ではない。米国は、「A」「B」のケース以上に、域内諸国、同盟国からの支援が必要となる。

仮に、米軍が南シナ海での中国側の台湾「離島」侵攻計画をある程度事前に察知し、そのために必要な準備を十分行う余裕があっても、中国による奇襲を完全に封じ込められる確率は低い。特に、人民解放軍が「グレーゾーン事態」「ハイブリッド戦争」の分野で優位に立つ場合、仮に米軍が本気で戦っても、人民解放軍の「離島」制圧を完全に阻止することは難しいだろう。

となれば、そうした作戦は、中国にとって「作戦失敗」となるリスクが低く、少なくとも国内政治的には「説明が容易」となろう。しかし、「台湾問題を解決し、祖国の完全な統一を実現することは、中国共産党の変わらぬ歴史的任務[*33]」という以上、仮に南シナ海の小さな「離島」を制圧したところで、歴史的任務を果たしたと喧伝できるとは限らず、また、中国の政治・軍事指導者の威信が高まるとも思えない。

更に、南シナ海において米軍と直接戦闘を交える事態になれば、南シナ海全域での軍事的緊張が高まり、従来中国との関係維持に一定の配慮を示してきた一部ＡＳＥＡＮ諸国と中国との関係も悪化する可能性が高い。されば、この種の作戦をきっかけに、南シナ海において中国がかえって不利な立場に追い込まれる可能性もあり、中国にとって全体としてのメリットはさほど大きくないかもしれない。

シナリオ1―⑩：中国は南シナ海の台湾離島のみを侵攻し、米国は可能な限り台湾を防衛する

【離島占領は部分成功、総書記の威信は微増】

このシナリオでは、中国側が南シナ海の台湾の「離島」に対し全面攻撃を仕掛けるが、米国はどこか「腰が引けて」いて、「離島防衛」のため軍事的に動くことは動くが、その戦い方は必ずしも「全面的」ではない状況を想定する。シナリオ1―②や1―⑥と同様、米側の「腰が引ける」理由としては、台湾の「優先順位」の低下や、欧州、中東地域での情勢悪化などが考えられる。

その場合、台湾「離島」をめぐる軍事状況は人民解放軍側に一層有利となる可能性が高く、中国側が、部分的にせよ、「離島」占領に成功する可能性は十分あると思われる。そうなれば、中国の政治・軍事指導者は無謀な冒険主義者との批判を受けることはなく、むしろその政治的威信は限定的かつ一時的にせよ高まる可能性がある。

シナリオ1―⑪：中国は南シナ海の台湾離島のみを侵攻し、米国は条件付きで中国と妥協する【離島占領は成功、総書記威信やや上昇】

このシナリオでは、中国側が南シナ海の台湾の「離島」に対し全面攻撃を仕掛けるが、米国は台湾をめぐる「軍事介入」自体に消極的であり、仮に「離島防衛」を始めたとしても、ある時点から、中国と政治的妥協を求める（すなわち、中国の「離島占領」を事実上既成事実と認める）状況を想定する。前述のシナリオ1―③や1―⑦と同様の状況である。

その場合、「離島」をめぐる軍事状況は人民解放軍側にとり圧倒的に有利となる可能性が高い。そうなれば、中国の政治・軍事指導者の政治的威信は高まる。しかも、このような中国側の軍事攻勢に対し米国が事実上「不介入」を決め込むとなれば、南シナ海周辺での米国の「クレディビリティ（信頼性）」は地に落ち、米国の政治的影響力が低下することも十分考えられよう。

シナリオ1—⑫：中国は南シナ海の台湾離島のみを侵攻し、米国は中国との全面対決を回避する【離島占領は全面成功、総書記の威信は上昇】

このシナリオでは、中国側が南シナ海の台湾の「離島」に対し全面攻撃を仕掛けるが、米国は基本的に軍事介入を行わない状況を想定する。中国は本土から多数の解放軍部隊、治安部隊、文民を「離島」に送り込み、離島の実効支配を一気に確立する。国際的な反発にもかかわらず、中国国内での共産党・総書記の威信も高まるだろう。中国の政治・軍事指導者にとっては比較的リスクの少ないシナリオである。

他方、前述のとおり、南シナ海の「離島」を制圧したからといって、中国国内がそれを無条件で称賛するとは思えない。中国にとって本シナリオの利点は、中国の指導者が、米国と「ガチンコ」も辞さず、中国の利益を守るため果敢に行動した結果、米側に動く隙を全く与えない「完勝」となることだ。これに対し、米国の「クレディビリティ」の失墜は早晩、インド太平洋地域だけでなく、世界の他の地域にも悪影響を及ぼすだろう。

台湾への軍事的威嚇

最後は、中国が「D 台湾に対し軍事的威嚇のみを行う」場合を考える。「D」の特徴は、中国が宣伝戦や情報戦で「台湾解放」につき、実に勇ましく、時に過激なほどの強硬姿勢を示すものの、実際には、具体的軍事行動を本気で開始する「意図」などなく、あくまで非軍事的「政治戦」の延長として示威行動のみを起こす状況を想定することだ。

中国がこの種の行動をとる可能性があるとすれば、何らかの国内的、国際的理由で中国共産党の統治の正統性が揺らぎ、現在の政治・軍事指導者への共産党内または国民一般の信頼が急速に低下する中で、軍事的に台湾を完全占領することが難しい状況が考えられる。この場合、米中間では基本的に大規模戦闘は発生しない。他方、何らかの誤算や現場での突発的要因により、米中間で短期間かつ低烈度の軍事的衝突が発生する可能性は排除できない。

シナリオ1―⑬：中国は台湾に対し軍事的威嚇のみを行うが、米国は全力で台湾を防衛する【96年台湾危機再来、総書記の威信低下】

このシナリオでは、中国側があくまで軍事的威嚇ないし示威行動しか「意図」せず、米国との本格戦闘に至る軍事作戦を準備していない状況を想定する。問題は、それにもかかわらず、米国はこうした中国側の威嚇行動を「台湾解放」作戦の前兆とみなし（もしくは誤算し）て、米軍が全面戦争を戦う態勢で、中国に対し厳しい軍事的対応をとる可能性があることだ。

これはまさに1996年の第三次台湾海峡危機の再現である。当時は中国が台湾初の民主的総統選挙に圧力を掛けるため台湾海峡に向けてミサイルを発射したのに対し、米海軍は台湾付近に二隻の空母を派遣した。こうした中国に対する米国の軍事的示威行動に対し、人民解放軍はなすすべもなく、更に李登輝《りとうき》が初代民選総統に選出された。中国の指導者でこうした1996年の「体面失墜」の悪夢を忘れた者はいないはずだ。

シナリオ1—⑭：中国は台湾に対し軍事的威嚇のみを行うが、米国は可能な限り台湾を防衛する【政治軍事的に優劣つかず、総書記の威信は微減】

このシナリオも基本的にシナリオ1—⑬と同様であり、単なる威嚇のつもりで始めた中国の軍事行動に対し、米側が予想以上に厳しい対応をとることが想定される。かかる状況では、対外的にも国内的にも、「中国は威勢こそ良かったが、人民解放軍は米軍の軍事力に屈した」との印象を内外に与え得るという意味で、中国の政治・軍事指導者にとっては非常に不都合な状況となる可能性がある。

シナリオ1――⑮：中国は台湾に対し軍事的威嚇のみを行うが、米国は条件付きで中国と妥協する

【中国のダメージ少なく、総書記の威信は不変】

上記2つのシナリオ⑬、⑭に比べれば、本シナリオは中国にとって有利となる。中国の軍事的威嚇が功を奏し、中国との全面対立を恐れた米国から政治的妥協を引き出す可能性が高まるからだ。逆に言えば、米側は中国の「意図」を見誤り、必要以上に対中譲歩を行うということでもある。このシナリオは「米中戦争」ではなく、むしろ米中の「政治的駆け引き」の一環と見るべきだろう。

シナリオ1――⑯：中国は台湾に対し軍事的威嚇のみを行うが、米国は中国との全面対決を回避する

【96年台湾危機屈辱の克服、総書記の威信は微増】

本シナリオは中国にとって最善の一つである。1996年当時とは異なり、中国が適切な軍事的威嚇を行うのに対し、米側は軍事的対応を見合わせざるを得ないほど弱体化している印象を内外に与えることが想定されるからだ。中国側にとっては、1996年当時の「屈辱」「汚名」を晴らす絶好の政治的プロパガンダが可能となる。

＊33　習近平総書記の中国共産党結党100周年演説（2021年7月1日）

第九章

中台双方の「目的」に関するマトリックス分析

第八章では、米中間の「目的」に焦点を当てたマトリックス分析を行った。これに対し、第九章では米中ではなく、中台間の思惑の違いに焦点を当て、中国の台湾に対する「脅威」の「意図」の中でも、特に「目的」に着目したマトリックス分析を試みる。具体的には、中台双方の「意図（特に目的）」についてある程度単純化した4類型をそれぞれ考えた。まず、中国の台湾に対する「目的」としては前章と同様、

A 早急かつ全面的な武力行使が必要と判断し、台湾を全面侵攻し占領する
B 限定的ながら相当程度の武力行使が必要と判断し、金門・馬祖のみを侵攻し占領する
C ある程度の武力行使は必要と判断し、南シナ海の台湾離島のみを侵攻し占領する
D 戦力の誇示が必要と判断し、台湾に対し軍事的威嚇のみを行う

の4類型を考える。これらに対し、台湾の中国に対する「目的」としては、

a この機に乗じ台湾独立を目指す
b 全力で戦い現状を維持しようとする

c　日米から支援が得られず中国と妥協する
d　中国側に全面譲歩する

という4類型を考えた上で、これら双方の「目的」により生ずる結果としてマトリックス手法で16の類型・シナリオを特定した。こうした手法は、基本的に第八章のマトリックスと同様である。便宜上、ここでは台湾の独自の判断による「対中全面戦争」や「対中限定戦争」発動の可能性は排除してある。そうした行動では米国や日本の支持が得られないことを台湾は十分理解していると思うからだ。

なお、ここでいう「台湾独立」には注釈が必要である。台湾は現在も「中華民国」として十数カ国と正式な外交関係を結んでいる。しかも、中国はこの現実を事実上黙認しているとみられる。その意味で台湾は事実上、既に「独立国家」であるのに対し、中国側は建前上、現在台湾が「独立した」状態にあるとは口が裂けても言えない状況にある、ということだろう。

しかし、このことは、中国側が決して受け入れない「台湾独立」が未来永劫起きないことを意味する訳ではない。本書における「台湾独立」とは、あくまで中国側が従来とは異なる軍事的対抗措置が必要と判断するような「新たな状況」である。日米等にとってそれは、台湾が一線を越えて中国側を挑発し、1972年以来維持されてきた現状の変更を中国側が正当化するような「新たな状態」を意味する。

ちなみに、台湾の国民党はその政治的立ち位置を徐々に変えつつある。現在、台湾住民の6割以上が自らのアイデンティティーは「台湾人」と認識している。こうした台湾世論の変化を反映してか、国民党は中国側と距離を置き始める一方、政策的にも民進党に近付きつつある。このことは、中国側が以前ほど国民党に配慮しなくなること、すなわち、台湾の与党が国民党、民進党のいずれであっても、中国が台湾に対する厳しい姿勢を変える可能性がないこと、を暗示している。

中台間で何が起きるか

以上を前提に、中台間の衝突の可能性を分析する。この16類型・シナリオでそれぞれ何が起こり得るだろうか。筆者が考えた蓋然性は以下のとおりである。まずは「A 中国が台湾を全面侵攻し占領する」と決断する場合から始めよう。なお、ここでは台湾本島に対する侵攻に焦点を当て、「離島」に対する軍事攻撃の可能性は捨象している。

筆者の仮説をまとめたものが次ページのマトリックスである。中国から見れば、黒地の個所（②⑥⑬⑭）は危機的状況を、アミカケ濃度が薄ければ薄いほど（①③④⑦⑧⑪⑫⑮⑯）理想的状況を、それぞれ示している。なお、⑤⑨⑬については不測の事態が発生する可能性があり、要注意ケースであることを示している。

以下、具体的に説明していこう。

シナリオ2—①：中国は台湾を全面侵攻するが、台湾はこの機に乗じ台湾独立を目指す
【日米介入の可能性は低い、台湾占領成功の可能性大、民進党の評価低下】

本シナリオでは、中国が台湾本島に対する全面「軍事侵攻」を決断する中、台湾の指導部が「中国が軍事侵攻を行うなら、台湾は独立を宣言するしかない」と腹を括《くく》る状況を想定する。台湾側が急進的民進党政権であれば、台湾独立を仄《ほの》めかすことで中国による台湾侵攻を抑止しようと試みる可能性も否定できない。当然、その種の「台湾独立論」は両刃の剣となる可能性が高いので要注意だ。

台湾内部で如何に独立志向が強まろうとも、台湾が正面きって「台湾独立論」を唱えることは、１９７２年の「米中上海コミュニケ」[*34]や日中共同声明によって出来上がった絶妙なバランスを崩しかねない。勿論、台湾の政治指導者の多くはこれを百も承知である。されば、こうした明示的な「台湾独立」の動きは、特定の状況下で偶然生まれるものではな

c 日米支援 なく妥協	d 中国側に 全面譲歩
❸日米は介入を躊躇 占領成功の可能性大 台湾政府は壊滅	❹日米は非介入 台湾無血占領が成功 民進党の信頼失墜
❼日米は介入を躊躇 離島占領の成功 民進党の評価下落	❽日米は非介入 離島占領の全面成功 民進党の評価急落
⓫日米は介入を躊躇 離島占領の部分成功 民進党の評価下落	⓬日米は非介入 離島占領の全面成功 民進党の信頼失墜
⓯日米は介入を躊躇 総書記の威信上昇 台湾民衆に動揺も	⓰96年屈辱克服 総書記の威信急上昇 台湾民衆の不満噴出

表4：中台双方の「目的」に関するマトリックス
2. 中台の「目的」

【台湾】／【中国】	a 台湾独立を志向	b 現状維持に努力
A 台湾全面侵攻占領	❶日米介入可能性低 占領成功の可能性大 民進党の評価低下	❷日米介入可能性高 占領失敗の可能性 台湾内部の結束増大
B 金門・馬祖侵攻占領	❺米国介入可能性低 離島占領は一部成功 不測事態発生可能性	❻米国介入可能性高 離島占領は失敗 民進党の評価上昇
C 南シナ海離島侵攻	❾米国介入可能性低 離島占領は一部成功 不測事態発生可能性	❿米国介入可能性高 離島占領は一部失敗 民進党の評価上昇
D 対台湾軍事的威嚇	⓭96年台湾危機再来 総書記冒険主義批判 不測事態発生可能性	⓮96年台湾危機再来 台湾現状維持に成功 民進党の評価上昇

く、一種の「確信犯」的決断かもしれない。

　これに対する日米の反応は、決して台湾にとって有利なものとはならない。「台湾独立」を叫べば叫ぶほど、中国に軍事介入の正当性を与えるだけでなく、米国の台湾支援をより困難にするからだ。本シナリオでは、米国や日本の関与が最大限のものとなる可能性は低く、逆に、中国による台湾解放が成功する可能性の方が高まるだろう。

シナリオ2―②：中国は台湾を全面侵攻するが、台湾は全力で戦い現状を維持しようとする【日米介入の可能性は高い、台湾占領失敗の可能性、台湾内部の結束増大、核戦争の危険】

　このシナリオでは、中国が対台湾全面「軍事侵攻」を決断する中で、台湾の指導部が、「現状維持」に徹し、米国と日本からの最大限の支援を期待する状況を想定する。台湾の政権与党が国民党、民進党のいずれであれ、「台湾独立」に触れず、現状維持志向を前面に出し、国際世論に「民主主義の台湾を理不尽にも武力解放しようとする中国」をアピールしようとする。

　これに対する日米の反応は、状況次第ではあるが、概して台湾に有利に働くだろう。あくまで現状維持を貫き、「力による現状変更を試みるのは中国」と主張することにより、米国、特に米議会の台湾支持を再確認することが容易になるからだ。このシナリオでは、米国や日本の関与が2—①よりも深まる可能性が高く、逆に、中国による台湾解放が成功する可能性は低くなるだろう。

但し、既に述べたとおり、台湾をめぐる米中戦争の帰趨が一方、特に中国側にとって決定的に不利となる場合には、米中「核戦争」勃発に発展する可能性が浮上する。したがって、仮に、米中両軍が台湾をめぐり通常兵器のみによる全面戦争を戦うとしても、その決着は米中いずれかの一方的勝利とはならない可能性が高いだろう。

シナリオ2—③：中国は台湾を全面侵攻するが、台湾は日米から支援が得られず中国と妥協する【日米は介入を躊躇、台湾占領成功の可能性大、台湾政府は壊滅】

このシナリオでは、中国が対台湾全面「軍事侵攻」を決断する中で、台湾の指導部が何らかの理由により米国・日本からの政治的支持獲得に失敗する状況を想定する。実際には、米軍が行動を起こさない限り、自衛隊が関与する可能性は低いので、台湾側としては何よりも米国、特に米国議会の台湾支持を確実なものとする努力が必要となる。但し、中国の軍事攻撃が、日本の領土、領海、領空に及ぶ場合、特に在日米軍に対する攻撃がある場合には、その時点で台湾有事が日本有事となることに注意が必要である。
いずれにせよ、米国が軍事的に台湾を支援しなければ、台湾単独で人民解放軍による台湾侵攻作戦を「抑止」することは勿論、台湾占領を阻止することも困難となる。その場合、日本が単独で動く可能性は低いので、比較的早い段階で中国による台湾解放が成功する可能性がある。中台間である程度の軍事衝突は発生するだろうが、それも比較的小規模なものにとどまるだろう。

シナリオ2—④：中国は台湾を全面侵攻し、台湾は中国側に全面譲歩する【日米は非介入、台湾無血占領の成功、民進党の信頼失墜】

このシナリオでは、中国が対台湾全面「軍事侵攻」を決断する中、台湾の指導部が戦意を喪失するなどにより、事実上機能不全に陥る状況を想定する。この状況では米軍に軍事介入する「意図」はなく、中国は本土から多数の解放軍部隊、治安部隊、文民を台湾に送り込むので、台湾の政権は自滅ないし降伏し、台湾は事実上「無血併合」されるだろう。

続いては、中国が「B 金門・馬祖のみを侵攻し占領する」と決めた場合を見ていこう。

シナリオ2―⑤：中国は金門・馬祖のみを侵攻するが、台湾はこの機に乗じ台湾独立を目指す【米国介入の可能性は低い、離島占領は一部成功、不測の事態が発生する可能性】

このシナリオでは、中国側が本土に近い台湾の離島に対し全面攻撃を仕掛けるが、台湾指導部は、「中国が軍事侵攻を行うなら、台湾は独立を宣言するしかない」と腹を括る状況を想定する。シナリオ2―①と同様、台湾与党は急進的民進党である可能性が高く、台湾独立を仄めかすことで中国による軍事行動を抑止しようと試みるかもしれないが、恐らく結果は逆効果となるだろう。

「台湾独立論」に対する日米の反応が否定的となる可能性は既に述べたとおりだが、より深刻なことは、中国側がこれに過剰反応する可能性だ。中国の当初の攻撃対象は本土に近い台湾の離島という限定的なものだった。しかし、ここで台湾に「独立」の動きが顕在化すれば、中国が急遽《きゅうきょ》、軍事行動の目的を台湾本島への全面侵攻に切り替える可能性もある。

その場合、台湾の立場は更に悪化する。「台湾独立」を叫べば中国に軍事介入の正当性を与えるだけでなく、状況の急変により米国の台湾支援を一層困難にしかねないからだ。本シナリオでは、仮に米国や日本が関与するとしても、米中間の思惑、特に軍事行動の「目的」や「動機」が錯綜し、当事者が望まない不測かつ制御不能の事態が生起する可能性すらあるので、要注意である。

シナリオ2―⑥：中国は金門・馬祖のみを侵攻するが、台湾は全力で戦い現状を維持しようとする【米国介入の可能性は高い、離島占領は失敗、民進党の評価上昇】

このシナリオでは、中国側が本土に近い台湾の離島に対し全面攻撃を仕掛けるが、台湾の指導部は「現状維持」に徹し、米国と日本からの最大限の支援を期待する状況を想定している。上記シナリオ2―②と同様、台湾側は「台湾独立」に触れず、現状維持志向を前面に出し、国際世論に「民主主義の台湾を理不尽にも武力解放しようとする中国」を最大限アピールするだろう。

対する日米の反応は、状況次第ではあるが、概して台湾に有利に働くだろう。但し、中国の攻撃目標が中国本土に近い台湾の離島であるため、軍事的には中国が優位にあることも念頭に置く必要がある。他方、米中「核戦争」勃発の可能性についてはシナリオ2―②

より低いと思われる。このシナリオでは、米国や日本の関与が深まる可能性が高く、逆に、中国による離島占領が成功する可能性は低くなるだろう。

シナリオ2—⑦：中国は金門・馬祖のみを侵攻するが、台湾は日米から支援が得られず中国と妥協する

【日米は介入を躊躇、離島占領は成功、民進党の評価下落】

このシナリオは、中国側が本土に近い台湾の離島に対し全面攻撃を仕掛けるが、台湾の指導部が何らかの理由により米国と日本からの政治的支持獲得に失敗する状況を想定する。シナリオ2—③と同様、米軍が軍事行動を起こさない限り、自衛隊が関与する可能性は低いので、台湾単独では人民解放軍の台湾侵攻作戦を阻止できず、比較的早い段階で、中国による金門・馬祖の解放は成功するだろう。

シナリオ2—⑧：中国は金門・馬祖のみを侵攻し、台湾は中国側に全面譲歩する

【日米は非介入、離島占領は全面成功、民進党の評価急落】

本シナリオは、中国側が本土に近い台湾の離島に対し全面攻撃を仕掛けるが、台湾の指導部が戦意を喪失するなどにより、事実上機能不全に陥る状況を想定する。米軍に軍事介入する「意図」はなく、中国は本土から多数の解放軍部隊、治安部隊、文民を金門・馬祖に送り込むので、中国は両島を比較的簡単に制圧する。

南シナ海離島侵攻

更に、中国が「C 南シナ海の台湾離島のみを侵攻し占領する」場合はどうか。

シナリオ2—⑨：中国は南シナ海の台湾離島のみを侵攻するが、台湾はこの機に乗じ台湾独立を目指す

【米国介入の可能性は低い、離島占領は一部成功、不測の事態が発生する可能性】

このシナリオは、中国側が南シナ海の台湾の「離島」に対し全面攻撃を仕掛けるが、台湾指導部は「中国が軍事侵攻を行うなら、台湾は独立を宣言するしかない」と腹を括る状況を想定する。シナリオ2—①や2—⑤のケースと同様、台湾側は台湾独立を仄めかすことで中国による軍事行動は「抑止」できると判断（ないし誤算）するのかもしれないが、恐らく結果は逆効果となるだろう。

ここでも、最も懸念されるのは中国側の過剰反応である。中国の攻撃「目的」が急遽、南シナ海の台湾「離島」解放から、台湾本島に対する全面侵攻に切り替われば、台湾の政治的立場が悪化するだけでなく、状況の急変により米国の台湾支援を更に困難なものにするからだ。このシナリオでも、米中間の「目的」や「動機」が錯綜し、当事者が望まない不測かつ制御不能の事態が生起する可能性はある。

シナリオ2―⑩：中国は南シナ海の台湾離島のみを侵攻するが、台湾は全力で戦い現状を維持しようとする

【米国介入の可能性は高い、離島占領は一部失敗、民進党の評価上昇】

このシナリオは、中国側が南シナ海の台湾の離島に対し全面攻撃を仕掛けるが、台湾の指導部は「現状維持」に徹し、米国と日本からの最大限の支援を期待する状況を想定する。台湾側は「台湾独立」に触れず、現状維持を志向する。日米は外交的に台湾を支援するだろうが、中国の攻撃目標が南シナ海にあるため、日本が直接関与する可能性は低い。

このシナリオの帰趨は最終的に米中の南シナ海における戦闘能力の優劣に依存する。仮に米海軍が本格的に台湾側を支援すれば、中国による離島占領が成功する可能性は低い。

他方、現時点ではフィリピンの海軍基地を十分使えない米国よりも、海南島や南シナ海各地に軍事基地を置く中国の方が軍事的に圧倒的優位に立つ可能性は高い。

シナリオ2—⑪：中国は南シナ海の台湾離島のみを侵攻し、台湾は日米から支援が得られず中国と妥協する

【日米は介入を躊躇、離島占領は部分成功、民進党の評価下落】

このシナリオは、中国側が南シナ海の台湾の離島に対し全面攻撃を仕掛けるが、台湾の指導部が何らかの理由により米国と日本からの政治的支持獲得に失敗する状況を想定する。中国の軍事行動が南シナ海で行われる以上、そもそも自衛隊が関与する可能性は極めて低い。このような状況で米軍が軍事行動をとらなければ、比較的早い段階で中国による「離島」制圧は成功し、民進党の支持率は下落する可能性がある。

シナリオ2—⑫：中国は南シナ海の台湾離島のみを侵攻し、台湾は中国側に全面譲歩する

【日米は非介入、離島占領は全面成功、民進党の信頼失墜】

このシナリオは、中国側が南シナ海の台湾の離島に対し全面攻撃を仕掛けるが、台湾の指導部が戦意を喪失するなどにより、事実上機能不全に陥る状況を想定する。米軍に軍事介入する「意図」はなく、中国は多数の解放軍部隊、治安部隊、文民を台湾「離島」に送り込むので、比較的簡単に制圧できるだろう。民進党の信頼は失墜する。

台湾への軍事的威嚇

最後は、中国が「D 台湾に軍事的威嚇のみを行う」場合である。

シナリオ2—⑬：中国は台湾に対し軍事的威嚇のみを行うが、台湾はこの機に乗じ台湾独立を目指す

【96年台湾危機再来、総書記の対外冒険主義への批判、不測の事態が発生する可能性】

このシナリオでは、中国側が単なる軍事的威嚇を意図するのに対し、台湾指導部はこれを過大評価し、「台湾は独立を宣言するしかない」と誤算する状況を想定する。台湾の「独立宣言」に対し、中国側が武力行使を行わないとなれば、政治的には、中国が「台湾独立」を「黙認」することになる。中国にとっては、1996年以上に「面子《メンツ》を潰す」事態となり得る。

他方、ここでも最も懸念されるのは、中国側が過剰反応する可能性だ。当初、軍事作戦を想定していなかった中国が、台湾側の「独立宣言」により、急遽台湾本島に対する全面侵攻を開始する可能性も否定できまい。更に、米中間の思惑が交錯し、当事者が望まない不測かつ制御不能の事態が生起する可能性すらある。

シナリオ2—⑭：中国は台湾に対し軍事的威嚇のみを行うが、台湾は全力で戦い現状を維持しようとする

【96年台湾危機再来、台湾現状維持に成功、民進党の評価上昇】

このシナリオは、中国側が軍事的威嚇のみ意図するのに対し、台湾指導部も従来の現状維持志向を変えず、日米からの支援を期待する状況を想定する。通常なら大規模な戦闘が発生する可能性は低い。但し、台湾側が強い態度で軍事的に対応する場合、中国にとっては1996年と同様の「面目失墜」にもなりかねない。中国側の不必要な軍事的威嚇が、かえって台湾内部の結束を強める可能性があるからだ。

シナリオ2—⑮：中国は台湾に対し軍事的威嚇のみを行うが、台湾は日米から支援が得られず中

国と妥協する

【日米は介入を躊躇、総書記の威信上昇、台湾民衆に動揺も】

本シナリオは、中国側が軍事的威嚇のみ意図するのに対し、日米からの支援を期待できない台湾指導部が中国との政治的妥協も辞さない状況を想定する。大規模な戦闘こそ発生しないが、中国の挑発行為に対し台湾側は強く対応できないため、中国の軍事的威嚇の効果は絶大となる。こうした「力による威嚇」が内外に与える宣伝効果は大きく、台湾内部でも人心の動揺など社会的混乱が生じる可能性がある。

シナリオ2―⑯：中国は台湾に対し軍事的威嚇のみを行うが、台湾は中国側に全面譲歩する

【96年台湾危機屈辱の克服、総書記の威信は急上昇、台湾民衆の不満噴出】

このシナリオは、中国側が軍事的威嚇のみを意図したにもかかわらず、台湾の指導部が戦意を喪失するなどにより、事実上機能不全に陥る状況を想定する。中国は一発の銃弾も撃つことなく、台湾から多大な政治的譲歩を引き出すことに成功する。されば、1996年に受けた屈辱を晴らし、共産党指導部の威信は大いに高まるだろう。台湾側は完敗となり、民衆の不満が噴出する可能性がある。

＊34　１９７２年に米中両国が署名した外交文書であり、日中の「日中共同声明」に相当する、両国関係や台湾問題について包括的に記した文書である。

第十章

中台双方の「動機」に関するマトリックス分析

続いて本章では、中台間の「意図」の中でも、「目的」ではなく「動機」に着目したマトリックス分析を試みる。具体的には、まず、中国の指導部が台湾侵攻に対して抱くであろう「意図（特に動機）」をある程度単純化し、実際の軍事攻撃「能力」が強い順に、

A 軍事的勝利を確信したため
B 党内で指導的権威を再確立するため
C 国内のナショナリズムの高揚に押されて
D 現状のままではジリ貧となるため

という4つの「動機」を考えた。台湾の中国に対する「意図（特に動機）」についても、実際の防衛「能力」が強い順に、

a 米軍・自衛隊の全面支援を確信する
b 米軍のみの支援を期待する
c 米国支援がなく妥協も辞さない

d　台湾内の分裂で絶望感から自暴自棄になる

という4つの「動機」を考えた上で、マトリックス手法により中台双方の「動機」に関する16の類型・シナリオを特定し、それぞれについて、どの程度の蓋然性で、如何なる態様の「米中戦争」が起こり得るかを占ってみる。基本的には中台間の「チキンゲーム」を少し複雑化したものだと思って頂ければ良いだろう。

筆者が考えた仮説は次ページのマトリックスである。ここでも、中国から見れば、黒地の個所（⑬）は危機的状況を、アミカケ濃度が薄ければ薄いほど（②③④⑦⑧⑪⑫⑮⑯）理想的状況をそれぞれ示している。なお、⑤⑨については不測の事態が発生する可能性があり、要注意ケースであることを示している。

以下、具体的に説明していこう。

中台の「動機」の違いは何をもたらすか

まずは「A　中国が軍事的勝利を確信する」場合から見ていこう。中国共産党の政治・

c 米支援なく 妥協	d 台湾絶望 自暴自棄
③衝突回避 中国の優位 抑止は容易ならず	④中国の圧勝 台湾の敗北 抑止は困難
⑦衝突回避 中国がやや有利 抑止は容易ならず	⑧中国の圧勝 台湾の敗北 抑止は困難
⑪衝突回避 中国の優位 抑止は容易ならず	⑫中国の圧勝 台湾の敗北 抑止は困難
⑮衝突回避 中国がやや有利 抑止は不可能でない	⑯中国の圧勝 台湾の敗北 抑止は困難

軍事指導者は、これまでの人民解放軍の軍事能力の急速な向上に強い自信を持つか、または、今や米軍を凌《しの》ぐレベルに到達したと誤算するかなどにより、仮に米国が台湾側に立って軍事介入したとしても、中国による台湾の早期かつ完全な制圧は十分可能と確信する状

表5：中台双方の「動機」に関するマトリックス
3. 中台の「動機」

【台湾】／【中国】	a 日米支援 台湾確信	b 米支援を 台湾期待
A 軍事的勝利確信	①ガチンコ互角 核戦争の危機 誤算した方が負け	②ガチンコ勝負 中国の優位 抑止は不可能でない
B 党内権威再確立	⑤ガチンコ勝負 核戦争の危機 中国国内に不安残る	⑥ガチンコ勝負 中台ともに不安残る 抑止は可能だが…
C 国内のナショナリズム	⑨ガチンコ勝負 中国は不利 抑止は未知数	⑩ガチンコ勝負 中台は互角 抑止は未知数
D 現状ではジリ貧	⑬ガチンコ勝負 中国は心理的に劣勢 抑止は可能	⑭ガチンコ勝負 中台は互角 抑止は不可能でない

況が想定されている。

シナリオ3―①：中国は軍事的勝利を確信するが、台湾も米軍・自衛隊の全面支援を確信する【ガチンコの互角勝負、核戦争の危険、誤算した方が負け】

このシナリオでは、中国が台湾への軍事侵攻に自信を持つ一方、台湾側も日米、特に米国からの物理的支援を確信する状況を想定する。要するに、中台の「ガチンコ」勝負だ。「チキンゲーム」ではどちらもハンドルを切らない、つまり譲歩しない場合だから、両者が全力でぶつかり合うことになる。結果がどうなるにせよ、核戦争には至らないにしても、通常兵器による大規模な戦闘は免れないシナリオだ。

中台双方とも勝利を確信するので、彼我の戦闘能力が互角であれば、戦況は膠着状態に陥る可能性が高い。仮に、一方が早い段階で劣勢になるとすれば、それは自らの軍事能力を過信したか、状況判断の誤算か、などの理由が考えられよう。このシナリオでも、双方、特に中国側が決定的な敗北を喫する可能性が高まる場合、米軍部隊に対する限定的な核攻撃の危険は排除できない。

シナリオ3—②：中国は軍事的勝利を確信するが、台湾は米軍のみの支援を期待する【ガチンコ勝負だが、中国の優位、抑止は不可能ではない】

このシナリオは、中国が台湾軍事侵攻に自信を持つ一方、台湾側は日本からの支援を期待できず、米国からの物理的支援にも完全な保証が得られない状況を想定する。「チキンゲーム」で言えば、中国が譲歩しないのに対し、台湾側はガチンコ勝負ながらも劣勢の可能性を考え始めるケースだ。ゲーム理論上は、中国にやや有利な状況といえるだろう。

この場合、中国側が本気で軍事攻勢を強めるのに対し、台湾側は守勢に回る可能性が高い。場合によっては台湾の一部で、米国の消極的姿勢に業を煮やし、秘密交渉などを通じ、中国との政治的妥協を図る動きが出てくるかもしれない。いずれにせよ、中国の軍事行動を「抑止」することは不可能ではないが、中国が行動を起こす前にその「自信」を打ち砕く必要があるだろう。

シナリオ3—③：中国は軍事的勝利を確信するが、台湾は米国支援がなく妥協も辞さない【衝突回避の可能性、中国の優位、抑止は容易ならず】

本シナリオは、中国が台湾軍事侵攻に自信を持つ一方、台湾側は日米からの支援を期待できず、中国との政治的妥協に一層前向きとなる状況を想定する。「チキンゲーム」で言えば、中国が譲歩しないのに対し、台湾が「衝突回避」を真剣に考え始めるケースだ。ゲーム理論上は、中国に極めて有利な状況といえるだろう。

この場合、中国側が本気で軍事攻勢を強めるのに対し、台湾側は直接戦闘を真剣に回避しようとする可能性が高い。台湾政府は米国の消極的姿勢に強く反発し、大規模戦闘を回避するため、中国との交渉を含め、政治的妥協を図る動きが顕在化する。いずれにせよ、この状況で中国の軍事行動を「抑止」することは容易ではない。台湾が「弱気」になる兆候を見せれば、中国はますます「自信」を深めるだろう。

シナリオ3―④：中国は軍事的勝利を確信するが、台湾は絶望感から自滅する
【中国の圧勝、台湾敗北、抑止は困難】

このシナリオでは、中国は台湾軍事侵攻に自信を持つのに対し、台湾側が日米の支援なく、内部分裂などで自暴自棄となり自滅していく状況を想定する。中国が譲歩しないのに対し、台湾が「衝突回避」を決断するケースだ。中国の勝利、台湾の敗北であり、中国側が全ての面で主導権を握ることになる。最悪の場合、中華民国は消滅する。特に、中国側が台湾の譲歩の可能性という隠れた「動機」を知れば、「抑止」は極めて困難となる。

共産党内権力闘争

続いては、中国の最高指導者が「B 党内で指導的権威を再確立する」決断をする場合である。

このシナリオは、中国共産党内で路線対立や長期独裁に対する批判が顕在化するなどにより、現職の総書記が党内外での権威の再確立が不可欠と判断する状況を想定する。党内混乱もあり、人民解放軍に一枚岩の団結は期待できない。現職総書記としては、国内の政治的矛盾を解消し、自己の権力基盤再強化を図るため、台湾に対する軍事的攻勢以外に選択肢がないと判断するケースである。

シナリオ3──⑤：中国は党内指導的権威の再確立を目指すが、台湾は米軍・自衛隊の全面支援を確信する

【ガチンコ勝負だが、中国国内に不安残る、核戦争の危険あり】

このシナリオは、中国の政治・軍事指導者が、共産党内の権力基盤再確立に向け半ば

「苦し紛れ」に台湾侵攻を選択するのに対し、中国の国内状況を熟知する台湾側は日米、特に米国からの物理的支援を確信し、中国からの軍事的挑発を敢えて「受けて立つ」状況を想定する。198ページのシナリオ3—①と比べると、国内政治情勢が不安定なため中国側が冷静な判断を下し得ない可能性があり、「抑止」もそれだけ困難となろう。

「チキンゲーム」で言えば、シナリオ3—①と同様、双方とも簡単には「譲歩しない」ガチンコ勝負だ。また、中台双方とも程度の差はあれ勝利を確信ないし誤算しているので、彼我の戦闘能力が互角であれば、戦況は膠着状態に陥る可能性が高い。但し、中国国内、特に人民解放軍内で現職総書記に対する潜在的不満が燻るようであれば、中国側の圧勝は期待できないだろう。

仮に、中台いずれか一方が早い段階で劣勢になるとすれば、それは自らの軍事能力に対する過信か、状況判断の誤算か、などの理由が考えられる。また、このシナリオでも、双方、特に中国側の決定的敗北の可能性が高まる場合、米軍部隊に対する限定的な核攻撃の危険は排除できない。

シナリオ3—⑥：中国は党内指導的権威の再確立を目指すが、台湾は米軍のみの支援を期待する

【ガチンコ勝負だが、中台ともに不安が残る、抑止は可能だが…】

本シナリオでは、共産党内の権力基盤再確立に向け、中国の政治・軍事指導者が半ば「苦し紛れ」に台湾侵攻を選択するのに対し、台湾側は日本からの支援を期待できず、米国からの物理的支援も完全な保証が得られない状況を想定する。「チキンゲーム」で言えば、中国が譲歩しないのに対し、台湾側はガチンコ勝負で劣勢となる可能性を考え始めるケースだ。ゲーム理論上は、中台ともに有利でない状況だろう。

この場合、中国側が苦し紛れに軍事攻勢を掛けるのに対し、台湾側も慎重に立ち回る可能性が高い。場合によっては台湾の一部で、米国の消極的姿勢に業を煮やし、中国との秘密交渉などを通じ、政治的妥協を図る動きが出てくるかもしれない。いずれにせよ、中国の軍事行動を「抑止」するには、早い段階からの準備が必要となろう。

シナリオ3—⑦：中国は党内指導的権威の再確立を目指すが、台湾は米国支援がなく妥協も辞さない

【衝突回避の可能性、中国がやや有利、抑止は容易ならず】

このシナリオでは、共産党内の権力基盤再確立に向け、中国の政治・軍事指導者が半ば

「苦し紛れ」に台湾侵攻を選択するのに対し、台湾側は日米からの支援を期待できず、中国との政治的妥協に一層前向きとなる状況を想定する。「チキンゲーム」では、中国が安易には譲歩しないのに対し、台湾が「衝突回避」を真剣に考え始めるケースだ。ゲーム理論上は、中国にやや有利な状況である。

この場合、中国側が「苦し紛れ」に軍事攻勢を続けるのに対し、台湾側は直接戦闘を本気で回避しようとする可能性が高い。台湾の政府は米国の消極的姿勢に強く反発し、大規模戦闘を回避するため、中国との交渉を含め、政治的妥協を図る動きが顕在化するだろう。台湾が「弱気」になる兆候を見せれば見せるほど、中国は「苦し紛れ」ながら台湾侵攻の成功に近付くだろう。

シナリオ3—⑧：中国は党内指導的権威の再確立を目指すが、台湾は絶望感から自滅する

【中国の圧勝、台湾敗北、抑止は困難】

本シナリオは、共産党内の権力基盤再確立に向け、中国の政治・軍事指導者が半ば「苦し紛れ」に台湾侵攻を選択するのに対し、台湾側は日米の支援がなく、内部分裂で自暴自棄となり自滅していく状況を想定する。「チキンゲーム」では、中国の勝利、台湾の敗北であり、中国側は全ての面で主導権を握る。最悪の場合、中華民国は消滅する。中国側がこうした台湾の「動機」を知る場合、「抑止」は非常に困難となる。

ナショナリズムの高揚

更に、中国が「C国内のナショナリズムの高揚に押される」場合はどうか。ここでは、米軍の抑止能力が向上し、現在の人民解放軍の軍事能力では圧倒的勝利は確信できないが、国内ナショナリズムの高揚を踏まえ、政権内の一部対米強硬派が主導権を握り、政権生き残りのため、必ずしも中国の利益とならない対台湾・米国強硬策を選択する状況を想定する。

シナリオ3―⑨：中国は国内ナショナリズムの高揚に押され、台湾は米軍・自衛隊の全面支援を確信する

【ガチンコ勝負だが、中国は不利、抑止は未知数】

このシナリオでは、中国側は必ずしも圧倒的な軍事的勝利は確信できないが、国内ナショナリズムの高揚を踏まえ、中国の利益とならない対台湾・米国強硬策を実施せざるを得ないのに対し、中国国内事情を熟知する台湾側は、日米、特に米国からの物理的支援を確信し、中国の軍事的挑発を「受けて立つ」状況を想定する。ここでも中国側が冷静な判断を下せない可能性があり、「抑止」は未知数である。

シナリオ3—⑩：中国は国内ナショナリズムの高揚に押され、台湾は米軍のみの支援を期待する

【ガチンコ勝負だが、中台は互角、抑止は未知数】

本シナリオは、中国側が軍事的勝利の確信はないものの、国内のナショナリズムの高揚を踏まえ、中国の利益とならない対台湾・米国強硬策を選択するのに対し、台湾側は日本からの支援を期待できず、米国からの物理的支援も完全な保証が得られない状況を想定する。中台ともに戦術的な弱点を抱えており状況はほぼ互角、対中「抑止」も未知数だが、中国側の判断が「誤算」に基づくものであれば、「抑止」は非常に難しい。

シナリオ3—⑪：中国は国内ナショナリズムの高揚に押され、台湾は米国支援がなく妥協も辞さない

【衝突回避の可能性、中国の優位、抑止は容易ならず】

このシナリオは、中国側が国内のナショナリズムの高揚を踏まえ、対台湾・米国強硬策を実施せざるを得ないのに対し、台湾側も日米からの支援を期待できず、中国との政治的妥協に一層前向きとなる状況を想定する。「チキンゲーム」では、中国が譲歩できないのに対し、台湾が「衝突回避」を真剣に考え始めるケースである。ゲーム理論上は、中国にやや有利な状況であり、対中「抑止」は容易でない。

シナリオ3—⑫：中国は国内ナショナリズムの高揚に押され、台湾は絶望感から自滅する【中国の圧勝、台湾敗北、抑止は困難】

本シナリオは、中国側が国内のナショナリズムの高揚を踏まえ、対台湾・米国強硬策を実施せざるを得ないのに対し、台湾側は日米の支援がなく、内部分裂で自暴自棄となり自滅していく状況を想定する。「チキンゲーム」では、中国の勝利、台湾の敗北であり、中国側が全ての面で主導権を握ることになる。この場合でも中華民国が消滅する可能性はある。また、中国側が台湾の真の「動機」を知る場合、対中「抑止」は困難となる。

国内ジリ貧

最後は、中国が「D 現状のままではジリ貧となる」場合である。このシナリオでは、米軍の抑止力の向上が急速に進み、数年内にも人民解放軍の台湾制圧能力がピークアウトすることが予想される中で、中国の政治・軍事指導者が、「ジリ貧」のまま「座して死を待つ」よりは、現時点での対米優位を最大限活用し、台湾本島などに対する侵攻作戦を実施するしかないと判断する状況を想定する。

この想定には若干の注釈が必要だろう。確かに、経済成長の続く中国が、米国からの圧力に直面し、現時点で「ジリ貧」感を抱く蓋然性は低い。他方、今後の政治、経済、軍事面での対中制裁内容次第では、中長期的に中国が「ジリ貧」感を抱く可能性は十分あるだろう。いずれにせよ、中長期的に全ての可能性を網羅するマトリックス分析にはどうしても必要な想定の一つである。

シナリオ3—⑬：中国は現状のままではジリ貧と考えるが、台湾は米軍・自衛隊の全面支援を確信する

【ガチンコ勝負だが、中国側は心理的に劣勢、抑止は可能】

このシナリオでは、中国がこのまま「ジリ貧」となる前に、現時点で台湾に対する侵攻作戦を実施すべきだと判断する一方、中国の国内状況を熟知する台湾側は日米、特に米国からの物理的支援を確信し、中国からの軍事的挑発を「受けて立つ」状況を想定する。こうした精神状態は、誤解を恐れずに言えば、１９４１年の日本による真珠湾攻撃直前の日米の関係に似ているかもしれない。

このような状況でも、中国の軍事行動を「抑止」することは決して不可能ではない。中国が日本のような「真珠湾攻撃」を行うかどうかは不明だが、中国側が何らかの理由で一種の強迫観念を抱いているとすれば、中国の政治・軍事指導者のその種のメンタリティを除去することが最も効果的な「抑止」手法となる。その場合、如何に「飴《あめ》」と「鞭《むち》」を使い分けるかが「抑止」成功のポイントとなるだろう。

シナリオ３――⑭：中国は現状のままではジリ貧と考えるが、台湾は米軍のみの支援を期待する

【ガチンコ勝負だが、中台は互角、抑止は不可能ではない】

本シナリオは、中国がこのまま「ジリ貧」となる前に、現時点で台湾に対する侵攻作戦を実施すべきだと判断するのに対し、台湾側は日本からの支援を期待できず、米国からの物理的支援も完全な保証が得られない状況を想定する。中台ともに心理的弱点を抱えており状況は互角だが、中国側の判断が一種の強迫観念によるものであれば、戦前の日本軍部とは異なり、「抑止」は決して不可能ではないだろう。

シナリオ3—⑮：中国は現状のままではジリ貧と考えるが、台湾は米国支援がなく妥協も辞さない

【衝突回避の可能性、中国がやや有利、抑止は不可能ではない】

このシナリオでは、中国が「ジリ貧」となる前に、現時点で台湾に対する侵攻作戦を実施すべきだと判断するのに対し、台湾側も日米からの支援を期待できず、中国との政治的妥協に前向きとなる状況を想定する。「チキンゲーム」では、中国が譲歩できないのに対し、台湾が「衝突回避」を真剣に考え始めるケースだ。状況は中国側にやや有利だが、対中「抑止」も全く不可能ではなかろう。

シナリオ3—⑯：中国は現状のままではジリ貧と考えるが、台湾は絶望感から自滅する

【中国の圧勝、台湾敗北、抑止は困難】

本シナリオは、中国が「ジリ貧」となる前に、現時点で台湾に対する侵攻作戦を実施すべきだと判断するのに対し、台湾側は日米からの支援がなく、内部分裂などにより絶望、自暴自棄となり自滅していく状況を想定する。「チキンゲーム」では、中国の勝利、台湾の敗北であり、中国側が主導権を握ることになる。中華民国が消滅する可能性もある。中国側がこうした台湾の真の「動機」を知る場合、対中「抑止」は困難となる。

最終章

米中戦争を如何に「抑止」するか

この最終章では、本書の究極目的である「米中戦争」の「抑止」について考える。「脅威」を「抑止」するにはその「能力」と「意図」を「抑止」すべきであり、特に、その「手段」と「機会」、「目的」と「動機」を如何に「抑止」するかを考える必要がある。ここでは第八～十章で検証したマトリックスの各類型・シナリオにつき、それぞれに最適の「抑止」手段を考える。

なお、前述したように、本書ではこの「抑止」なる語は、軍事抑止論等で使われる「相手が攻撃してきた場合、軍事的な対応を行って損害を与える姿勢を示すことで攻撃そのものを思いとどまらせる」といった軍事力の役割に限定せず、より広く政治的、外交的、経済的、社会的、心理的に「紛争を回避する、予防する」意味でも使っている。

米中軍事対立のマトリックス

まずは米中戦争のマトリックスから始めよう。第八章で考察したシナリオは以下の16類型であるが、それぞれについてどの程度「抑止」が可能かを考えてみたい。

筆者の仮説をまとめたものが216ページのマトリックスである。黒地の個所（①⑬）

は中国にとっての危機的状況を、アミカケ濃度が薄ければ薄いほど（③④⑦⑧⑪⑫⑯）中国にとっての理想的状況をそれぞれ示している。

以下、具体的に説明していこう。

シナリオ1―①：中国は台湾を全面侵攻し、米国は全力で台湾を防衛する【台湾占領は失敗、米中核戦争の危機、中国国内では冒険主義批判の恐れ】

このシナリオで対中「抑止」を強化するためには、最低限、本書第三章以降で分析した中国の「脅威」、特に「手段」「機会」「目的」「動機」それぞれに対する様々な「抑止」措置を予め想定・実行するとともに、第七章で詳しく述べた「グレーゾーン事態」「ハイブリッド戦争」のため中国が採用するであろう手法・戦術についてもきめ細かい「抑止」措置を実行していく必要がある。

しかし、中国の軍事攻勢を「抑止」する最も効果的な方法は、米国が同盟国と協力しつつ、あらゆる諜報活動を駆使して中国の侵攻計画を事前に察知し、米側がそれに対応する準備があることを正確に理解させ、中国による台湾奇襲が成功しそうにないことを悟らせることだろう。特に、この種の「台湾解放作戦」に万一「失敗」すれば、中国国内でその

「対外冒険主義」を批判される危険を強調すべきである。

但し、この手法には一つ難点がある。本書は全て公開情報に基づき書かれているが、下手に対中抑止方法の詳細を書けば、今後の対中抑止の「手の内を明かす」ことにもなりか

c 条件付き対中妥協	d 対中衝突を回避
③台湾解放部分成功 総書記の威信は上昇	④台湾解放全面成功 総書記の威信急上昇
米国介入の意図を明確にする必要	米国に介入意図がなければ、抑止は困難
⑦離島占領全面成功 総書記威信やや上昇	⑧離島占領全面成功 総書記の威信は上昇
米国介入の意図を明確にする必要	米国に介入意図がなければ、抑止は困難
⑪離島占領は成功 総書記威信やや上昇	⑫離島占領全面成功 総書記の威信は上昇
米国介入の意図を明確にする必要	米国に介入意図がなければ、抑止は困難
⑮中国のダメージ小 総書記の威信は不変	⑯96年屈辱克服 総書記の威信は微増
米国介入の意図を明確にする必要	米国に介入意図がなければ、抑止は困難

表6：米中戦争の「目的」マトリックス16類型に対する効果的な抑止手段　1. 米中の「目的」の抑止

【米国】／【中国】		a 全面的な台湾防衛	b 可能範囲台湾防衛
A 台湾全面侵攻占領		①占領失敗、核戦争危機、冒険主義批判	②中国優位で膠着総書記の威信は不変
	効果的抑止手段の例	米台日間の軍事連携台湾内の警備強化	米国介入の意図を明確にする必要
B 金門・馬祖侵攻占領		⑤離島占領部分失敗国内で冒険主義批判	⑥離島占領部分成功総書記の威信は微増
	効果的抑止手段の例	米台軍事連携強化、米抑止力には限界	離島でも日本の関与を明言できるか
C 南シナ海離島侵攻		⑨離島占領膠着状態総書記の威信未知数	⑩離島占領部分成功総書記の威信は微増
	効果的抑止手段の例	米台軍事連携強化、南シナ海の航行自由	日本の関与困難だが米台比越の連携強化
D 対台湾軍事的威嚇		⑬96年台湾危機再来総書記の威信低下	⑭政軍的優劣つかず総書記の威信は微減
	効果的抑止手段の例	米台軍事連携強化、南シナ海の航行自由	日本の関与は困難だが米台連携強化必要

ねないことだ。その意味では、仮に、具体的かつ効果的抑止方法を思い付いたとしても、その取り扱いには通常以上の慎重さが求められる。本書の読者には、この点をご理解いただき、具体的対中抑止方法につき、各自で更なる「頭の体操」をして頂ければ幸いである。

シナリオ1―②：中国は台湾を全面侵攻し、米国は可能な限り台湾を防衛する

【中国優位のまま膠着、総書記の威信は不変】

本シナリオでも、中国の台湾全面侵攻を抑止する最も効果的な方法は、上記シナリオ1―①と同様、米国が中国の侵攻計画を事前に察知し、中国による台湾奇襲が成功しそうにないことを、中国の指導者に内々悟らせることだ。同時に、米側による台湾支援の「意図」が必ずしも全面的ではなく、条件付きであることを中国側に悟らせないことも重要である。これに失敗すれば、台湾は軍事的に不利な状況に置かれるだろう。

シナリオ1―③：中国は台湾を全面侵攻し、米国は条件付きで中国と妥協する

【台湾解放は部分成功、総書記の威信は上昇】

このシナリオでも、中国に台湾奇襲失敗の可能性を悟らせることが最も効果的な抑止方法であることに変わりはない。だが、ここでの問題は米国が、上記のシナリオ1―②以上に、台湾をめぐる「軍事介入」に消極的であることだ。この時点で対中「抑止」が成功する鍵は、米国内の反対論にもかかわらず、従来の「曖昧戦略」を敢えて変更し、米政府が中国と軍事的に対峙してでも台湾を守る決意を明確化することである。

但し、これには一つ難点がある。米側が従来の「曖昧戦略」を変更し、台湾防衛の「意図」を明確化すれば、米国はある段階で必ず武力攻撃をする必要があることだ。言葉の上で台湾本島に「レッドライン」を引きながら、実際には武力行使を躊躇すれば、米国の「クレディビリティ」は地に落ち、台湾は占領されるだろう。米国大統領にその種の胆力があるか否かが問われることになる。

シナリオ1―④：中国は台湾を全面侵攻し、米国は中国との全面対決を回避する
【台湾解放は全面成功、総書記の威信急上昇】

本シナリオでは、台湾をめぐり「軍事介入」する「意図」が米国にないことを中国側が察知・確信した時点で対中「抑止」は失敗する。「抑止」云々《うんぬん》の議論をする意味もないほど、最悪のシナリオである。

台湾近海離島侵攻

シナリオ1―⑤：中国は金門・馬祖のみを侵攻し、米国は全力で台湾を防衛する

【離島占領は部分失敗、国内で冒険主義批判】

このシナリオの帰趨は、主として「抑止」と「距離」「時間」との相関関係に帰着する。金門・馬祖は中国大陸に近く、軍事作戦を行う上では中国側が有利である。仮に米軍が事前に中国側の動きに関する情報を掴んでいたとしても、金門・馬祖まで「駆け付ける」には米軍が第一列島線内の海域に常駐する必要があるからだ。それが難しければ、中国に対する「抑止」は低下せざるを得ない。

他方、仮に人民解放軍が「グレーゾーン事態」「ハイブリッド戦争」の分野で優位に立ったとしても、米軍が本気で戦う場合、人民解放軍が容易に金門・馬祖を制圧し、完全に支配できるかは未知数だ。万一、この種の「離島侵攻作戦」すら「失敗」するとなれば、国内では「対外冒険主義」批判が高まりかねない。対中「抑止」に成功するためには、やはり、中国の作戦失敗の可能性を高める必要がある。

シナリオ1―⑥：中国は金門・馬祖のみを侵攻し、米国は可能な限り台湾を防衛する

【離島占領は部分成功、総書記の威信は微増】

本シナリオは、上記シナリオ1―⑤と同様、元々中国側に有利であるが、更に、米側の「腰が引け」、その軍事介入の「意図」が必ずしも全面的ではないことを中国側が察知・確信すれば、離島をめぐる軍事状況は人民解放軍側に圧倒的に有利となる。こうなれば、中国側の「台湾離島侵攻」の「意図」を「抑止」することは非常に難しくなると言わざるを得ない。

シナリオ1―⑦：中国は金門・馬祖のみを侵攻し、米国は条件付きで中国と妥協する

【離島占領は全面成功、総書記威信やや上昇】

このシナリオも中国にとっては圧倒的に有利だが、ここでの問題は、上記シナリオ1―⑥以上に、米国が台湾をめぐる「軍事介入」に消極的であり、中国との政治的妥協を厭わないことだ。ここに至れば、対中「抑止」成功の鍵は、米国内での反対論にもかかわらず、従来の「曖昧戦略」を敢えて変更し、米政府が中国と軍事的に対峙してでも台湾を守る決意を明確化することかもしれない。

但し、これにも一つ難点がある。上記シナリオ1―③のとおり、米側が従来の「曖昧戦略」を変更して台湾防衛「意図」を明確化すれば、それは事実上の「レッドライン」を意味し、万一その後、米側が武力行使を躊躇すれば、米国の「クレディビリティ」は地に落ちる。米国大統領の胆力が問われるケースである。

シナリオ1―⑧：中国は金門・馬祖のみを侵攻し、米国は中国との全面対決を回避する
【離島占領は全面成功、総書記の威信は上昇】

本シナリオも、上記のシナリオ1―④と同様、米国に台湾問題で本格的に「軍事介入」する意図がないことを中国側が察知・確信した時点で対中「抑止」は失敗する。最悪のシナリオの一つである。

南シナ海離島侵攻

シナリオ1―⑨：中国は南シナ海の台湾離島のみを侵攻し、米国は全力で台湾を防衛する
【離島占領は膠着状態、総書記の威信は未知数、国際的批判高まる】

このシナリオの特徴は、中国の武力行為の対象が中国本土に近い台湾の離島ではなく、南シナ海の離島であることだ。過去10年間で南シナ海における人民解放軍の作戦能力は飛躍的に向上しており、中国本土から遠いことが、米国にとって軍事的に有利になるとは限らない。こうした状況では、人民解放軍の「意図」を「抑止」することは容易でないだろう。

他方、戦域が南シナ海であることにより、米国や台湾だけでなく、南シナ海の近隣諸国が関与する可能性もあり、その場合には、金門・馬祖のシナリオとは異なる「抑止」が可能となる。例えば、米海軍がベトナム、フィリピン、インドネシアなどの海軍・沿岸警備隊と緊密な連携をとり、中国側の作戦能力を低下させる連携が可能であれば、中国に対し大きな「抑止」効果を持つだろう。

シナリオ1—⑩：中国は南シナ海の台湾離島のみを侵攻し、米国は可能な限り台湾を防衛する

【離島占領は部分成功、総書記の威信は微増】

本シナリオでは、中国側が南シナ海の台湾「離島」に対し全面攻撃を仕掛けるが、米国はどこか「腰が引けて」いて、全面的な「離島防衛」努力が期待できない状況を想定する。仮に米国が全面支援に動かなければ、周辺諸国が米国と共同・連携して動く可能性は少なく、その分だけ、対中「抑止」効果は減少するだろう。

シナリオ1—⑪：中国は南シナ海の台湾離島のみを侵攻し、米国は条件付きで中国と妥協する

【離島占領は成功、総書記威信やや上昇】

このシナリオは、台湾をめぐる「軍事介入」につき米国が上記シナリオ1—⑩以上に消極的になる状況を想定する。対象戦域が南シナ海であるとはいえ、台湾「離島」をめぐる軍事状況は人民解放軍側にとり圧倒的に有利となる。米国を中心とする現状維持を志向する国際的連携の形成は期待できず、中国に対する「抑止」効果も限定的となり、離島占領は成功する可能性が高い。

シナリオ1—⑫：中国は南シナ海の台湾離島のみを侵攻し、米国は中国との全面対決を回避する

【離島占領は全面成功、総書記の威信は上昇】

本シナリオでも、上記のシナリオ1—④や1—⑧と同様、米国に台湾問題で本格的に「軍事介入」する意図がないことを中国側が察知・確信した時点で対中「抑止」は失敗する。

台湾への軍事的威嚇

シナリオ1―⑬：中国は台湾に対し軍事的威嚇のみを行うが、米国は全力で台湾を防衛する

【96年台湾危機再来、総書記の威信低下】

このシナリオでは、中国側が米国への本格的軍事作戦を想定せず、国内政治状況を含む何らかの理由で台湾に対する威嚇行動のみを準備する。米中間の大規模軍事衝突は想定されないが、政治的示威のみを目論《もくろ》む中国に対する軍事的「抑止」効果はあまり期待できない。中長期的な対中「抑止」には、日米豪台を含む現状維持勢力が、南シナ海での航行の自由作戦などで緊密に連携することが不可欠である。

シナリオ1―⑭：中国は台湾に対し軍事的威嚇のみを行うが、米国は可能な限り台湾を防衛する

【政治軍事的に優劣つかず、総書記の威信は微減】

本シナリオも、シナリオ1―⑬と同様、単なる威嚇のつもりで始めた中国の軍事行動に米側が軍事的に対応する状況を想定するが、武力攻撃を伴わない中国の軍事示威活動を「抑止」することは難しい。中長期的な「抑止」能力の向上には関係諸国間の緊密な連携

が不可欠だが、日本については自国への武力攻撃がない限り、この種の国際的軍事連携への関与が限定的となる可能性もあり、要注意である。

シナリオ1—⑮：中国は台湾に対し軍事的威嚇のみを行うが、米国は条件付きで中国と妥協する

【中国のダメージ少なく、総書記の威信は不変】

対中「抑止」効果が限定的であることは、前述の2つのシナリオと同様だ。中長期的に対中「抑止」が成功する鍵は、米国内の反対論にもかかわらず、米政府が中国と軍事的に対峙してでも台湾を守る決意を適切な段階で明確化することである。

シナリオ1—⑯：中国は台湾に対し軍事的威嚇のみを行うが、米国は中国との全面対決を回避する

【96年台湾危機屈辱の克服、総書記の威信は微増】

このシナリオでも、台湾をめぐり「軍事介入」する意図が米国にないことを中国側が察知・確信した時点で、「抑止」は失敗する。中国にとっては政治的果実をほぼ独占できる、最善のシナリオである。

中台紛争において中国の「目的」を如何に「抑止」すべきか

続いて、中台関係の将来を考えよう。今後中台もしくは米中間で衝突の可能性があるとすれば、我々はそれを如何に「抑止」すべきか。いや、そもそも、そのような「抑止」は現実問題として可能なのだろうか。第九章で考えた16類型・シナリオのそれぞれについて抑止の可能性を考えてみよう。なお、ここでは議論を台湾本島に対する侵攻に絞り、「離島」に対する軍事攻撃の部分には触れていない。

筆者の仮説をまとめたものが次ページのマトリックスである。黒地の個所（②⑥⑬⑭）は中国にとっての危機的状況を、アミカケ濃度が薄ければ薄いほど（①③④⑦⑧⑪⑫⑮⑯）中国にとっての理想的状況を、それぞれ示している。また、⑤⑨⑬については不測の事態が発生する可能性があり、要注意ケースであることを示している。

以下、具体的に説明していこう。

c 米日支援なく 妥協	d 中国側に 全面譲歩
❸日米は介入を躊躇 占領成功の可能性大 台湾政府は壊滅	❹日米は非介入 台湾無血占領が成功 民進党の信頼失墜
米国介入の意図を 明確にする必要	米国に介入意図がな ければ、抑止は困難
❼日米は介入を躊躇 離島占領の成功 民進党の評価下落	❽日米は非介入 離島占領の全面成功 民進党の評価急落
米国介入の意図を 明確にする必要	米国に介入意図がな ければ、抑止は困難
⓫日米は介入を躊躇 離島占領の部分成功 民進党の評価下落	⓬日米は非介入 離島占領の全面成功 民進党の信頼失墜
米国介入の意図を 明確にする必要	米国に介入意図がな ければ、抑止は困難
⓯日米は介入を躊躇 総書記の威信上昇 台湾民衆に動揺も	⓰96年屈辱克服 総書記の威信急上昇 台湾民衆の不満噴出
米国介入の意図を 明確にする必要	米国に介入意図がな ければ、抑止は困難

表7：米中・中台対立の「目的」マトリックス16類型に対する
効果的な抑止手段　2. 中台の「目的」の抑止

【台湾】 【中国】		a 台湾独立を志向	b 現状維持に努力
A 台湾全面侵攻占領		❶日米介入可能性低 占領成功の可能性大 民進党の評価低下	❷日米介入可能性高 占領失敗の可能性 台湾内部の結束増大
	効果的抑止手段の例	米台日間の軍事連携 台湾国内の警備強化	米国介入の意図を 更に明確にする
B 金門・馬祖侵攻占領		❺米国介入可能性低 離島占領は一部成功 不測事態発生可能性	❻米国介入可能性高 離島占領は失敗 民進党の評価上昇
	効果的抑止手段の例	米台軍事連携強化、 但し米国抑止に限界	離島でも日本の関与 を明言できるか
C 南シナ海離島侵攻		❾米国介入可能性低 離島占領は一部成功 不測事態発生可能性	❿米国介入可能性高 離島占領は一部失敗 民進党の評価上昇
	効果的抑止手段の例	米台軍事連携強化、 南シナ海の航行自由	日本の関与困難だが 米台比越の連携強化
D 対台湾軍事的威嚇		⓭96年台湾危機再来 総書記冒険主義批判 不測事態発生可能性	⓮96年台湾危機再来 台湾現状維持に成功 民進党の評価上昇
	効果的抑止手段の例	米台軍事連携強化、 南シナ海の航行自由	日本の関与困難だが 米台比越の連携強化

シナリオ2—①：中国は台湾を全面侵攻するが、台湾はこの機に乗じ台湾独立を目指す【日米介入の可能性は低い、台湾占領成功の可能性大、民進党の評価低下】

このシナリオでは、中国が対台湾全面「軍事侵攻」を決断する中、台湾の政治指導者が、「中国が軍事侵攻を行うなら、台湾は独立を宣言するしかない」と腹を括る状況を想定する。対中国「抑止」という観点からは中国を挑発する「台湾独立論」ほど「抑止」効果を減殺する要素は他にない。「台湾独立」を公式に求めた段階で中国は何らかの「行動」を起こさざるを得ず、対中「抑止」は失敗するからである。

従って、逆説的ではあるが、「台湾独立宣言」シナリオでの最も効果的な「抑止」は、中国に対してではなく、台湾に対し「台湾独立論」を封印するよう説得することだ。台湾が「確信犯」的に「台湾独立」を叫べば、中国に軍事介入の正当性を与えるだけである。現実的な台湾の指導者であれば、このことを正確に理解しているはずだ。

シナリオ2—②：中国は台湾を全面侵攻するが、台湾は全力で戦い現状を維持しようとする【日米介入の可能性は高い、台湾占領失敗の可能性、台湾内部の結束増大、核戦争の危機】

本シナリオは、中国が対台湾全面「軍事侵攻」を決断する中、台湾の指導部が「現状維持」に徹する状況を想定する。その場合に必要な対中「抑止」策は既に215ページのシナリオ1―①で詳しく触れたので、ここでは繰り返さない。中国の奇襲が不成功に終わることを中国側に悟らせること、および「グレーゾーン事態」「ハイブリッド戦争」において効果的な対中「抑止」措置をとることの重要性も、同様である。

シナリオ2―③：中国は台湾を全面侵攻するが、台湾は日米から支援が得られず中国と妥協する

【日米は介入を躊躇、台湾占拠成功の可能性大、台湾政府は壊滅】

このシナリオは、中国が対台湾全面「軍事侵攻」を決断する中、台湾の指導部が米国と日本から政治的支持を得られない状況を想定する。ここで、米国、日本などが共同ないし個別に、中国に対し適切な「抑止」措置をとることは容易ではない。米国が軍事的に台湾を支援しなければ、台湾単独で人民解放軍の台湾侵攻作戦を「抑止」することは勿論、これを阻止することも極めて困難となる。

シナリオ2―④：中国は台湾を全面侵攻し、台湾は中国側に全面譲歩する

【日米は非介入、台湾無血占領の成功、民進党の信頼失墜】

本シナリオは、中国が対台湾全面「軍事侵攻」を決断する中、台湾の指導部が戦意を喪失するなどにより、事実上機能不全に陥る状況を想定する。この状況では、如何なる対中「抑止」策も成功しないだろう。

台湾近海離島侵攻

シナリオ2—⑤：中国は金門・馬祖のみを侵攻するが、台湾はこの機に乗じ台湾独立を目指す

【米国介入の可能性は低い、離島占領は一部成功、不測の事態が発生する可能性】

このシナリオは、中国側が、台湾本島ではなく、中国本土に近い台湾の離島に対し全面攻撃を仕掛けるのに対し、台湾指導部が「台湾独立」を志向する状況を想定する。既に述べたとおり、対中「抑止」という観点からは「台湾独立論」ほど「抑止」効果を減殺する要素はない。しかし、こうした状況での「台湾独立」声明発表は、より深刻な事態を惹起《じゃっき》しかねない。

最も深刻な事態は、中国側が過剰反応する可能性だ。当初は本土に近い台湾の離島のみが攻撃対象だったが、「台湾独立」宣言により、急遽中国がその戦争「目的」を台湾本島に対する全面侵攻に切り替える可能性が生まれるからだ。そうした不測の事態を「抑止」

するためには、台湾の政治指導者に対し「台湾独立論」を封印するよう説得することが必要である。

シナリオ2―⑥：中国は金門・馬祖のみを侵攻するが、台湾は全力で戦い現状を維持しようとする

【米国介入の可能性は高い、離島占領は失敗、民進党の評価上昇】

本シナリオは、中国側が本土に近い台湾の離島に対し全面攻撃を仕掛ける中、台湾の指導部が「現状維持」に徹する状況を想定する。ここで必要な対中「抑止」策は既に215ページのシナリオ1―①で触れたので、ここでは繰り返さない。特に、「グレーゾーン事態」「ハイブリッド戦争」において、台湾側が効果的な対中「抑止」措置をとることが肝要である。

シナリオ2―⑦：中国は金門・馬祖のみを侵攻するが、台湾は日米から支援が得られず中国と妥協する

【日米は介入を躊躇、離島占領は成功、民進党の評価下落】

このシナリオは、中国側が本土に近い台湾の離島に対し全面攻撃を仕掛ける中、台湾の指導部が米国と日本からの政治的支持を得られない状況を想定する。ここでも、181ページのシナリオ2―③、185ページのシナリオ2―⑦と同様、米軍が軍事行動を起こさない限り自衛隊が関与する可能性は低いので、台湾単独で人民解放軍の金門・馬祖侵攻作戦を「抑止」することは困難と思われる。

シナリオ2―⑧：中国は金門・馬祖のみを侵攻し、台湾は中国側に全面譲歩する

【日米は非介入、離島占領は全面成功、民進党の評価急落】

本シナリオでは、中国側が本土に近い台湾の離島に対し全面攻撃を仕掛けるが、台湾は事実上機能不全に陥る状況を想定する。この状況では、如何なる対中「抑止」策も成功しないだろう。

南シナ海離島侵攻

シナリオ2―⑨：中国は南シナ海の台湾離島のみを侵攻するが、台湾はこの機に乗じ台湾独立を目指す

【米国介入の可能性は低い、離島占領は一部成功、不測の事態が発生する可能性】

このシナリオでは、中国側が、台湾本島でも、中国本土に近い台湾離島でもなく、南シナ海の台湾離島を攻撃するのに対し、台湾が「台湾独立」を志向する状況を想定する。前述のとおり、「台湾独立論」ほど「抑止」効果を減殺する要素は他になく、このシナリオでも「台湾独立」への言及により中国が戦争目的を台湾本島への全面侵攻に急遽切り替える可能性はゼロではない。

シナリオ2―⑩：中国は南シナ海の台湾離島のみを侵攻するが、台湾は全力で戦い現状を維持しようとする

【米国介入の可能性は高い、離島占領は一部失敗、民進党の評価上昇】

本シナリオは、中国側が南シナ海の台湾の離島を攻撃するのに対し、台湾指導部が「現状維持」に徹する状況を想定する。必要な対中「抑止」策は既に述べたので、ここでは繰り返さない。いずれにせよ、南シナ海において最も効果的な「抑止」策は、米台以外の南シナ海近隣諸国が「力による現状変更」に反対する姿勢を共同で示すなど国際的連携を深めることである。

シナリオ2―⑪：中国は南シナ海の台湾離島のみを侵攻し、台湾は日米から支援が得られず中国と妥協する

【日米は介入を躊躇、離島占領は部分成功、民進党の評価下落】

このシナリオは、中国側が南シナ海の台湾離島を攻撃するのに対し、台湾が米国・日本から政治的支持を得られない状況を想定する。ここでも、既に述べたとおり、米軍が行動を起こさない限り自衛隊が関与する可能性は低いので、台湾単独で人民解放軍の南シナ海離島侵攻作戦を「抑止」することは困難である。

シナリオ2―⑫：中国は南シナ海の台湾離島のみを侵攻し、台湾は中国側に全面譲歩する

【日米は非介入、離島占領は全面成功、民進党の信頼失墜】

本シナリオでは、中国側は南シナ海の台湾離島に対し全面攻撃を仕掛けるが、台湾が事実上機能不全に陥ってしまう以上、如何なる対中「抑止」策も成功することはないだろう。

台湾への軍事的威嚇

シナリオ2―⑬：中国は台湾に対し軍事的威嚇のみを行うが、台湾はこの機に乗じ台湾独立を目指す

【96年台湾危機再来、総書記の対外冒険主義への批判、不測の事態が発生する可能性】

このシナリオでは、中国側が軍事的威嚇のみを行うのに対し、台湾が「台湾独立」を志向するため、1996年の台湾海峡危機が再現される可能性がある。中国側にとっては「面子丸潰れ」となる最悪の事態だが、同時に、中国が具体的な「武力行使」を意図しない限り、軍事的威嚇や示威行動を効果的に「抑止」することは難しいだろう。

他方、中国が台湾の「独立宣言」に対し有効な軍事的措置を「とらない」、または「とれない」ことが中国国内で明らかになれば、権威失墜を恐れる中国指導部が急遽台湾本島などに対する全面侵攻を検討するかもしれない。更に、米中間の「目的」「動機」が混乱し、当事者が望まない不測かつ制御不能の事態が生起する可能性すらある。いずれにせよ、中国のこの種の軍事行動に対する「抑止」は困難であろう。

シナリオ2―⑭：中国は台湾に軍事的威嚇のみを行うが、台湾は全力で戦い現状を維持しようとする

【96年台湾危機再来、台湾現状維持に成功、民進党の評価上昇】

本シナリオは、中国側が軍事的威嚇のみを行うのに対し、台湾も従来の現状維持志向を変えない状況を想定する。台湾は現状維持に成功するが、状況によっては1996年の台湾海峡危機が再現される可能性もある。中国側にとっては「面子丸潰れ」となる事態だが、同時に、中国が「武力行使」を意図しない限り、台湾に対する軍事的威嚇や示威行動までを「抑止」することは難しい。

シナリオ2—⑮：中国は台湾に対し軍事的威嚇のみを行うが、台湾は日米から支援が得られず中国と妥協する

【日米は介入を躊躇、総書記の威信上昇、台湾民衆に動揺も】

このシナリオでは、中国側が軍事的威嚇のみを行うのに対し、日米から支援を期待できない台湾指導部が中国との政治的妥協も辞さない状況を想定する。こうした中国の軍事的威嚇を「抑止」することは容易ではない。また、大規模な戦闘こそ発生しないが、中国側の挑発的行為に対し台湾側が強い対応を示さない場合、台湾内外で政治的混乱が生ずる可能性はある。

シナリオ2―⑯：中国は台湾に対し軍事的威嚇のみを行うが、台湾は中国側に全面譲歩する

【96年台湾危機屈辱の克服、総書記の威信は急上昇、台湾民衆の不満噴出】

本シナリオでは、中国側が軍事的威嚇のみを行うのに対し、台湾の指導部が事実上機能不全に陥る状況を想定している。こうなれば、中国は台湾から多大な政治的譲歩を引き出すことになり、如何なる対中「抑止」策も成功することはないだろう。台湾側の完敗である。

中台紛争において中台の「動機」を如何に「抑止」するか

最後に、中台の「動機」に着目して、対中「抑止」の可能性を考察しよう。第十章で考えた16類型・シナリオのそれぞれについて「抑止」の可能性を考える。

筆者の仮説をまとめたものが次ページのマトリックスである。黒地の個所（⑬）は中国にとって危機的な状況を、アミカケ濃度が薄ければ薄いほど（②③④⑦⑧⑪⑫⑮⑯）中国にとって理想的状況を、それぞれ示している。また、⑤⑨については不測の事態が発生する可能性があり、要注意ケースであることを示している。

	c 米支援なく 妥協	d 台湾絶望 自暴自棄
	③衝突回避 中国の優位	④中国の圧勝 台湾の敗北
	抑止は容易ならず	抑止は困難
	⑦衝突回避 中国がやや有利	⑧中国の圧勝 台湾の敗北
	抑止は容易ならず	抑止は困難
	⑪衝突回避 中国の優位	⑫中国の圧勝 台湾の敗北
	抑止は容易ならず	抑止は困難
	⑮衝突回避 中国がやや有利	⑯中国の圧勝 台湾の敗北
	抑止は不可能でない	抑止は困難

※2　中国国内に不安残る／
「逆三戦」で中国の国際的孤立を促進／党内
良識派への働きかけ

表8：米中、中台の「動機」マトリックス16類型に対する抑止の可能性と手段　3. 中台の「動機」の抑止

【台湾】／【中国】		a 日米支援 台湾確信	b 米支援を 台湾期待
A 軍事的勝利確信		①ガチンコ互角 核戦争の危機	②ガチンコ勝負 中国の優位
	抑止の可能性と手段	※1	抑止は不可能でない
B 党内権威再確立		⑤ガチンコ勝負 核戦争の危機	⑥ガチンコ勝負 中台ともに不安残る
	抑止の可能性と手段	※2	抑止は未知数
C 国内のナショナリズム		⑨ガチンコ勝負 中国は不利	⑩ガチンコ勝負 中台は互角
	抑止の可能性と手段	抑止は未知数 中国ネットへの情報発信・サイバー攻撃	抑止は未知数
D 現状ではジリ貧		⑬ガチンコ勝負 中国は心理的に劣勢	⑭ガチンコ勝負 中台は互角
	抑止の可能性と手段	抑止は可能 中国ネットへの情報発信・サイバー攻撃	抑止は不可能でない

※1　誤算した方が負け／米台日豪越比（韓）も含め軍事連携強化／対艦ミサイル、潜水艦、サイバー・宇宙での優位回復／対中「戦い方改革」の推進

以下、具体的に説明していこう。

シナリオ3—①:中国は軍事的勝利を確信するが、台湾も米軍・自衛隊の全面支援を確信する【ガチンコの互角勝負、核戦争の危険、誤算した方が負け】

このシナリオは、中台双方とも勝利に自信・確信を持つ状況を想定する。中台「ガチンコ」勝負であり、「抑止」が難しいシナリオだ。典型的な対中「抑止」手段としては、米台日豪越比（韓）など関係諸国・地域間の軍事連携の強化、対艦ミサイル、潜水艦、サイバー・宇宙での優位回復、対中「戦い方改革」推進などにより、中国側に台湾に対する軍事作戦が失敗することを悟らせること、が考えられる。

他方、自信過剰気味の中国側指導者に台湾に対する「軍事作戦が失敗することを悟らせる」ことは容易ではない。中国側の自信・確信が誤算に基づくものである可能性は否定できないが、その場合には対中「抑止」は一層難しくなる。また、本シナリオでは、米中双方、特に中国側が決定的な敗北を喫する可能性が高まる場合、米軍部隊に対する限定的な核攻撃の危険は排除できない。その意味では、「核戦争」の恐怖も有効な「抑止」手段となるだろう。

シナリオ3―②：中国は軍事的勝利を確信するが、台湾は米軍のみの支援を期待する

【ガチンコ勝負だが、中国の優位、抑止は不可能ではない】

本シナリオは、中国が台湾に対する軍事侵攻に自信を持つ一方、台湾側は日本からの支援を期待できず、米国からの物理的支援も完全な保証が得られない状況を想定する。「ガチンコ勝負」ながらも、中国にやや有利な状況である。対中「抑止」手段については上記シナリオ3―①と基本的に同様なので、ここでは繰り返さない。

シナリオ3―③：中国は軍事的勝利を確信するが、台湾は米国支援がなく妥協も辞さない

【衝突回避の可能性、中国の優位、抑止は容易ならず】

このシナリオは、中国が台湾軍事侵攻に自信を持つ一方、台湾側は日米からの支援を期待できず、中国との政治的妥協を志向するという、中国にとって極めて有利な状況を想定する。台湾が「弱気」になる兆候を見せれば、中国はますます「自信」を深めるだろう。早い段階から米台などの軍事「能力」を向上させ、中国の軍事行動を阻止する「意図」を明示しない限り、中国の軍事行動を「抑止」することは難しいだろう。

シナリオ3―④：中国は軍事的勝利を確信するが、台湾は絶望感から自滅する

【中国の圧勝、台湾の敗北、抑止は困難】

本シナリオでは、中国が台湾軍事侵攻に自信を持つ一方、台湾側は日米から支援がなく、内部分裂で自暴自棄となり、自滅していく状況を想定する。米国に台湾問題で本格的に「軍事介入」する意図がないことを中国側が察知・確信した時点で対中「抑止」は失敗する。典型的な台湾敗北のシナリオである。

共産党内権力闘争

シナリオ3―⑤：中国は党内指導的権威の再確立を目指すが、台湾は米軍・自衛隊の全面支援を確信する

【ガチンコ勝負だが、中国国内に不安残る、核戦争の危険あり】

このシナリオは、中国の政治・軍事指導者が共産党内の権力基盤再確立に向け、半ば「苦し紛れ」に台湾侵攻を選択し、台湾側はこうした軍事的挑発を敢えて「受けて立つ」状況を想定する。例えば、人民解放軍内で現職総書記に対する潜在的不満が燻るようであ

れば、中国国内政治情勢は不安定化する。そうなれば、中国側が冷静な判断を下せなくなる可能性もあるので、対中「抑止」は容易ではない。

この種の「脅威」を「抑止」するためには、中国が得意な「三戦」[*35]すなわち「輿論戦、心理戦、法律戦」を逆展開して中国の国際的孤立を画策したり、共産党内の良識派に働きかけたりすることなどが効果的である。但し、中国の情報統制は強力であり、その種の「抑止」効果には限界がある。また、上記のシナリオ3—①と同様、「核戦争の恐怖」が有効な戦争拡大の「抑止」手段となる可能性も否定できない。

シナリオ3—⑥：中国は党内指導的権威の再確立を目指すが、台湾は米軍のみの支援を期待する【ガチンコ勝負だが、中台ともに不安が残る、抑止は未知数】

本シナリオは、中国の政治・軍事指導者が半ば「苦し紛れ」に台湾侵攻を選択し、台湾側は日本からの支援を期待できず、米国からの物理的支援も完全な保証が得られない状況を想定する。戦況は「ガチンコ」ながら、中台とも将来には不安が残る。対中「抑止」についても上記シナリオ3—⑤と基本的に同様であるが、米国の動きが鈍い分、現実の「抑止」効果は未知数となる。

シナリオ3―⑦：中国は党内指導的権威の再確立を目指すが、台湾は米国支援がなく妥協も辞さない

【衝突回避の可能性、中国がやや有利、抑止は容易ならず】

このシナリオは、中国の政治・軍事指導者が半ば「苦し紛れ」に台湾侵攻を選択し、台湾側は中国との政治的妥協を志向する、中国にとってやや有利な状況を想定する。ここでも、早い段階から米台などの軍事「能力」を向上させ、中国の軍事行動から台湾を守る「意図」を適当な段階で明示しない限り、中国の軍事行動を「抑止」することは難しい。

シナリオ3―⑧：中国は党内指導的権威の再確立を目指すが、台湾は絶望感から自暴自棄になる

【中国の圧勝、台湾敗北、抑止は困難】

本シナリオは、中国の政治・軍事指導者が半ば「苦し紛れ」に台湾侵攻を選択するが、台湾側は自暴自棄で自滅していく状況を想定する。如何に中国の政治・軍事指導者が内政上の問題を抱えていたとしても、米国に台湾問題で本格的に「軍事介入」する意図がないことを中国側が察知・確信した時点で、対中「抑止」は失敗し、台湾は敗北するだろう。

ナショナリズムの高揚

シナリオ3—⑨：中国は国内ナショナリズムの高揚に押され、台湾は米軍・自衛隊の全面支援を確信する

【ガチンコ勝負だが、中国は不利、抑止は未知数】

このシナリオでは、中国側は、軍事的勝利の確信がないまま、国内ナショナリズムの高揚に押され、台湾に強硬策を実施するのに対し、台湾側がこれを「受けて立つ」状況を想定する。中国の政治・軍事指導者が「統治の正統性」強化のため煽った中国民族主義、特に漢族ナショナリズムが暴走・制御不能になる状況であり、この種の民族感情を外部から「抑止」することは容易ではない。

人工的に煽られた民族感情を「抑止」するには、中国ネットへの情報発信やサイバー攻撃などを通じ、中国政府の自国民に対する組織的かつ継続的な「宣伝活動」自体を「抑止」する必要がある。しかし、この種の「抑止」は、中国お得意の「三戦（輿論戦、心理戦、法律戦）」を逆手に取ったとしても、決して容易ではない。このことは1930年代以降の日本の国内状況を見れば明らかである。

シナリオ3―⑩：中国は国内ナショナリズムの高揚に押され、台湾は米軍のみの支援を期待する【ガチンコ勝負だが、中台は互角、抑止は未知数】

本シナリオは、中国側が軍事的勝利の確信がないまま国内ナショナリズムの高揚に押され、台湾に強硬策を実施するのに対し、台湾側は日本からの支援を期待できず、米国からの物理的支援も完全な保証が得られない状況を想定する。中台とも戦術的弱点を抱え、状況はほぼ互角で、対中「抑止」も未知数である。中国側の判断が「国民感情」に基づくものであればあるほど、対中「抑止」は困難となるだろう。

シナリオ3―⑪：中国は国内ナショナリズムの高揚に押され、台湾は米国支援がなく妥協も辞さない【衝突回避の可能性、中国の優位、抑止は容易ならず】

このシナリオは、中国側が国内ナショナリズムの高揚により強硬策を実施するのに対し、日米からの支援を期待できない台湾側が中国との政治的妥協を志向する状況を想定する。「ガチンコ勝負」は回避できるが、全体としては中国にやや有利な状況であり、対中「抑止」は決して容易ではない。

シナリオ3―⑫：中国は国内ナショナリズムの高揚に押され、台湾は絶望感から自滅する

【中国の圧勝、台湾敗北、抑止は困難】

本シナリオは、中国側が軍事的勝利の確信なきまま、国内ナショナリズムの高揚に押され、台湾に強硬策を実施するのに対し、台湾側は自暴自棄で自滅していく状況を想定する。如何に中国の政治・軍事指導者がナショナリズムに流されて判断を誤ったとしても、米国に台湾問題で本格的に「軍事介入」する意図がないことを中国側が察知・確信した時点で、対中「抑止」は失敗し、台湾は敗北する。

国内ジリ貧

シナリオ3―⑬：中国は現状のままではジリ貧と考えるが、台湾は米軍・自衛隊の全面支援を確信する

【ガチンコ勝負だが、中国側は心理的に劣勢、抑止は可能】

このシナリオでは、中国が「ジリ貧」となる前に、台湾侵攻作戦を直ちに実施すべしと判断し、台湾側はこれを「受けて立つ」状況を想定する。直近での可能性は少ないが、中長期的には蓋然性の高いシナリオである。政治・軍事指導者のメンタリティとしては、1941年の真珠湾攻撃直前の日本と米国の関係に似ているかもしれない。

このような状況でも、中国の軍事行動を「抑止」することは決して不可能ではない。中国側が何らかの理由で一種の強迫観念を抱いているのであれば、中国ネットへの情報発信やサイバー攻撃などを通じ、中国国民のメンタリティを変えることも不可能ではなかろう。勿論、現時点でこれは困難であるが、長い目で見れば、こうした地道な努力こそ最も効果的な「抑止」となる可能性はある。

シナリオ3―⑭：中国は現状のままではジリ貧と考えるが、台湾は米軍のみの支援を期待する【ガチンコ勝負だが、中台は互角、抑止は不可能ではない】

本シナリオは、中国が「ジリ貧」となる前に、台湾侵攻作戦を直ちに実施すべしと判断し、台湾側は日本からの支援を期待できず、米国からの物理的支援も完全な保証が得られない状況を想定する。中台ともに戦術的弱点を抱えており、戦況は互角だが、上記シナリオ3―⑬と同様、中国の強迫観念を「抑止」することは決して不可能ではない。

シナリオ3―⑮：中国は現状のままではジリ貧と考えるが、台湾は米国支援がなく妥協も辞さない

【衝突回避の可能性、中国がやや有利、抑止は不可能ではない】

このシナリオは、中国が「ジリ貧」となる前に、台湾侵攻作戦を直ちに実施すべしと判断するのに対し、台湾側も中国との政治的妥協を志向する状況を想定する。中国側にやや有利ではあるが、既に述べたとおり、中国側の強迫観念の「抑止」は全く不可能ではない。

シナリオ3―⑯：中国は現状のままではジリ貧と考えるが、台湾は絶望感から自滅する

【中国の圧勝、台湾敗北、抑止は困難】

本シナリオは、中国が「ジリ貧」となる前に、台湾侵攻作戦を直ちに実施すべしと判断し、台湾側は自暴自棄で自滅していく状況を想定する。如何に中国の政治・軍事指導者が総合的状況判断を誤ったとしても、米国に台湾問題で本格的に「軍事介入」する意図がないことを中国側が察知・確信した時点で、対中「抑止」は失敗し、台湾は敗北する。

さてさて、まずは、ここまで辛抱強くお付き合い頂いた読者各位の強靭《きょうじん》なる「知的体力」に対し深甚なる謝意を表したい。ここまで、台湾をめぐる「米中戦争」勃発の可能性と、その「抑止」方法について、駆け足ではあるが、可能な限り「虱潰《しらみつぶ》し」の議論を行ったつもりだ。しかし、これだけ精緻な分析を行った割に、筆者の結論は意外なほど常識的なものとなった。

要するに、台湾と米国が現状維持のため最大限の「意図」を持てば、中国による台湾武力侵攻を「抑止」することも不可能ではないということだ。逆に言えば、万一、台湾や米国が本気で現状を維持する「意図」がなければ、対中「抑止」は減殺され、中国の国家「目的」は成就するだろう。そうなれば、西太平洋における米国のプレゼンス自体が徐々に弱体化していく恐れすらある。

されば、中国の台湾に対する「脅威」が顕在化する前に、我々はそれを「抑止」する準備を始めなければならない。これは決して他人事《ひとごと》ではなく、21世紀後半の日本の国際的地位を決定づけるという意味で極めて重要な課題となる。これから2030年代までの10年間に日本に求められる課題は何か、また、その課題が見つかった時にそれを実行する知的、財政的体力が果たして日本に残っているだろうか。

日本の正念場はこれからである。

＊35　２００３年改訂の「人民解放軍政治工作条例」では「輿論戦、心理戦及び法律戦を展開し、敵軍の瓦解工作を展開」するとある。

あとがき

朝日新聞出版から「米中戦争」について書いてほしいと依頼されたのは4月の連休前だったと記憶する。筆者にしては珍しく、あれから3か月で本書の骨格をほぼ一気に書き上げた。振り返ってみれば、台湾をめぐる「米中戦争」の可能性を考え始めてから、もう20年以上経つ。最初は単なる理論的可能性だったが、今や議論は、「米中戦争」が「あるか、ないか」ではなく、「あるとすれば何時《いつ》か」になりつつある。

筆者には「米中戦争」につき「軍事オタク」的な戦略、戦術の詳細を書く知見がない。筆者の関心は専ら「米中戦争」を如何に「抑止」するかであるが、「抑止」についても世界には無数の先行研究がある。さりとて、今年10月で68歳になる筆者には、今更ゼロから抑止論を勉強し直す気力も体力もない。その意味でも、本書は学界の正当なる検証に耐える学術論文では決してないことを予めお断りしておく。

それでも筆者が本書を書き上げたのは、「米中戦争」を本気で「抑止」しなければならないと真剣に考えたからだ。本書では、もし「米中戦争」が始まるとすれば、それは如何なる環境の下で、如何に始まり、如何なる態様で戦われ、如何なる結末を迎えるか、そして、最後に、そのような最悪の事態を如何に「抑止」できるかを、可能な限り詳細に論じたつもりだ。

それでいて、本書は、読者の皆様が最も関心を持つであろう対中「抑止」の具体的手法や戦術の詳細についてはあまり具体的には触れていない。いや、実際には、意図的に触れたくなかったのである。理由は簡単で、日本が本気で中国を「抑止」する必要があるなら、その具体的詳細が中国側に分かるような議論だけはどうしても避けたかったからだ。

この種の詳細は極秘事項に該当するかもしれない。当然ながら、日本側の対応の「手の内」を明かすことはできない。しかし、日本国内で「抑止」の議論を深め、続けるだけでも「抑止効果」は十分ある。筆者も引き続き精進して、個々具体的な「抑止」方法を一生懸命考えていくつもりだ。読者の皆様も本書を読んだ後、個々の「抑止」法について、静かに議論を深めて頂ければ幸いである。

今回は、本書の骨格が出来上がった段階で、北海道大学公共政策学研究センターの峯村健司研究員、京都先端科学大学の土屋貴裕准教授、楽天証券経済研究所の加藤嘉一客員研究員の三氏に目を通してもらい、実に多くの重要な示唆やコメントを頂戴した。日中関係が新たな段階に入りつつある中、筆者が聞きたいのは、引退し始める世代ではなく、これからの日中関係を担うであろう若い世代の知見だった。本書が読者にとり何かしらの知的貢献になるとしたら、それは全て彼らのお蔭である。ここに深甚なる謝意を表したい。

最後に、これまで同様、過去39年間、筆者を見捨てず、諦めずに付き合ってくれた妻と、本書の上梓に当たり多大なる支援を受けた朝日新聞出版の大﨑俊明氏に対し、改めて心から御礼申し上げる。

二〇二一年七月三十一日

結婚三十九年はまだまだ短いと感じつつ

宮家邦彦

宮家邦彦 みやけ・くにひこ

1953年神奈川県生まれ。キヤノングローバル戦略研究所研究主幹、立命館大学客員教授。1978年に外務省入省。外務大臣秘書官、中近東第一・第二課長、日米安全保障条約課長、在中国・在イラク大使館公使、中東アフリカ局参事官を歴任。2005年に退職し外交政策研究所代表を経て現職。近著に『中国が抱える9つの国際問題』(ビジネス教育出版社)、『劣化する民主主義』(PHP新書)など。

朝日新書
836

米《べい》中《ちゅう》戦《せん》争《そう》

「台湾危機」驚愕のシナリオ

2021年10月30日第1刷発行

著　者　宮家邦彦

発行者　三宮博信

カバーデザイン　アンスガー・フォルマー　田嶋佳子

印刷所　凸版印刷株式会社

発行所　朝日新聞出版

〒104-8011　東京都中央区築地5-3-2
電話　03-5541-8832（編集）
　　　03-5540-7793（販売）

Published in Japan by Asahi Shimbun Publications Inc.
ISBN 978-4-02-295145-8
定価はカバーに表示してあります。

落丁・乱丁の場合は弊社業務部(電話03-5540-7800)へご連絡ください。
送料弊社負担にてお取り替えいたします。

新型格差社会

山田昌弘

中流層が消滅し、富裕層と貧困層の差が広がり続ける日本社会。階級社会に陥ってしまう前に、私たちにできることは何か？〈家族〉〈教育〉〈仕事〉〈地域〉〈消費〉。コロナ禍によって可視化された〝新型〟格差問題を、家族社会学の観点から五つに分けて緊急提言。

女武者の日本史
卑弥呼・巴御前から会津婦女隊まで

長尾 剛

女武者を言い表す言葉として、我が国には古代から「女軍」(めいくさ)という言葉がある。女王・卑弥呼から女軍部隊を率いた神武天皇、怪力で男を投げ飛ばした巴御前や弓の名手・坂額御前、200人の鉄砲部隊を率いた池田せん……「いくさ」は男性の〝専売特許〟ではなかった！

60代から心と体がラクになる生き方
老いの不安を消し去るヒント

和田秀樹

やっかいな「老いへの不安」と「むなしい」という感情。これさえ遠ざければ日々の喜び、意欲、体調までが本来の状態に。不安や「むなしく」ならないコツはムリに「探さない」こと。何を？「やりたいこと」「居場所」「お金」を……。高齢者医療の第一人者による、元気になるヒント。

内側から見た「AI大国」中国
アメリカとの技術覇権争いの最前線

福田直之

対話アプリやキャッシュレス決済、監視カメラなどの情報を集約する中国のテクノロジーはアメリカを超え、10年以内には世界トップになるといわれる。起業家たちは何を目指し、市民は何を求めているのか。政府と企業との関係、中国AIの強さと弱点など、特派員の最新報告。

定年後の居場所

楠木　新

定年後のあなたの居場所、ありますか？　ベストセラー『定年後』の著者が、生保会社を60歳で定年退職した後の自らの経験と、同世代のご同輩への豊富な取材を交え、仕事、お金、趣味、地域の絆、ウィズコロナの新しい生活などの観点からアドバイスする。

戦国の村を行く

藤木久志
解説・校訂　清水克行

悪党と戦い百姓が城をもった村、小田原攻めの豊臣軍からカネで平和を買った村など、戦乱に加え、略奪・人身売買・疫病など過酷な環境の中を人々はいかに生き抜いたのか。したたかな村人たちと生命維持装置としての「村」の実態を史料から描く。戦国時代研究の名著復活。

旅行業界グラグラ日誌

梅村　達

著者は67歳の派遣添乗員。現場では理不尽なお客や海千山千の業界人が起こすトラブルに振り回される日々。魑魅魍魎な旅行業界の裏側を紹介しつつ、コロナの影響にも触れる。笑えたりほろりと泣けたり、読んで楽しいトラベルエッセイ。

宗教は嘘だらけ
生きるしんどさを忘れるヒント

島田裕巳

一番身近で罪深い悪徳「嘘」。嘘はどのように宗教で扱われ、嘘つきはどう罰せられるのか。偽証を禁じるモーセの十戒や仏教の不妄語戒など、禁じながらも解釈の余地があるのが嘘の面白さ。三大宗教を基に、嘘の正体を見極めるクリティカル・シンキング！

自分を超える心とからだの使い方
ゾーンとモチベーションの心理学

下條信輔
為末 大

スポーツで大記録が出る時、選手は「ゾーン」に入ったと表現される。しかし科学的には解明されていない。無我夢中の快や「モチベーション」を深く考察することで、落ち込んだ状態や失敗に対処する方法も見えてくる。心理学者とトップアスリートの対話から探る。

内村光良リーダー論
チームが自ずと動き出す

畑中翔太

ウッチャンはリアルに「理想の上司」だった！ 内村と仕事をする中で人を動かす力に魅せられた著者が、芸人、俳優、番組プロデューサー、放送作家、ヘアメイクなど関係者二四人の証言をもとに、最高のチームを作り出す謎多きリーダーの秘密を解き明かした一冊。

歴史なき時代に
私たちが失ったもの 取り戻すもの

與那覇 潤

第二次世界大戦、大震災と原発、コロナ禍、日本はなぜいつも「こう」なのか。「正しい歴史感覚」を身に付けるには。教養としての歴史が社会から消えつつある今、私たちはどのようにしてお互いの間に共感を生み出していくのか。枠にとらわれない思考で提言。

朝日新書

世界自然遺産やんばる
希少生物の宝庫・沖縄島北部

湊　和雄
宮竹貴久

沖縄島北部にあたるやんばるは、世界的にも珍しい湿潤な亜熱帯雨林だ。2021年世界自然遺産に登録された。やんばる写真の第一人者である写真家と、生物の進化理論を一般に説く手腕で名高い生物学者がタッグを組み、ユニークな生物を紹介。

対訳　武士道

新渡戸稲造／著
山本史郎／訳

新渡戸稲造の名著『武士道』。切腹とは何か？　武士道の本質とは？　日本人の精神性を描いた世界的ベストセラー。「惻隠の情」「謙譲の心」は英語でどう表すか？　『翻訳の授業』の著者・山本史郎東大名誉教授の美しい新訳と、格調高い英語原文をお手元に。

自壊する官邸
「一強」の落とし穴

朝日新聞取材班

7年8カ月に及ぶ安倍政権から菅政権に継承された。長期政権の鍵は人事権をフル活用した官僚統治だった。霞が関ににらみをきかせ、能力本位とはいえない官僚登用やコロナ対策の迷走は続く。官邸の内側で何が起きているのか。現役官僚らの肉声で明かす。

死は最後で最大のときめき

下重暁子

いつまでも心のときめきを、育て続けよう。人は最期のときを前にして、最も個性的な花を咲かせる——。人気エッセイストが、不安な時代の日常をみつめ、限りある命を美しく生き抜く心構えをつづる。著者の「覚悟」が伝わってくる至高の一冊。

こんな政権なら乗れる

中島岳志
保坂展人

迫る衆院総選挙。行き詰まる自公政権の受け皿はあるのか。保守論客の中島岳志氏が、コロナ対策や多摩川の防災、下北沢再開発等の区政10年で手腕を振るう保坂展人・東京都世田谷区長と、理論と実践の「リベラル保守政権」待望論を縦横に語り合う。